그림과 사진으로 배우는 초등한국사

그림과 사진으로 배우는 초등한국사

1판 1쇄 인쇄 | 2020. 10. 20.
1판 1쇄 발행 | 2020. 10. 25.

한지연 글 | 에스더 그림

발행처 도서출판 거인
발행인 박형준
책임편집 안성철
디자인 박형준
마케팅 이희경 김경진

출판등록번호 제2002-000121호
주소 서울시 마포구 와우산로48 로하스타워 803호
전화 02-715-6857
팩스 02-715-6858

값은 표지에 있습니다.
ISBN 978-89-6379-191-3 73910

그림 이야기한국사 2

그림과 사진으로 배우는 초등한국사

글 한지연

그림 에스더

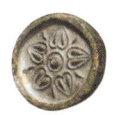

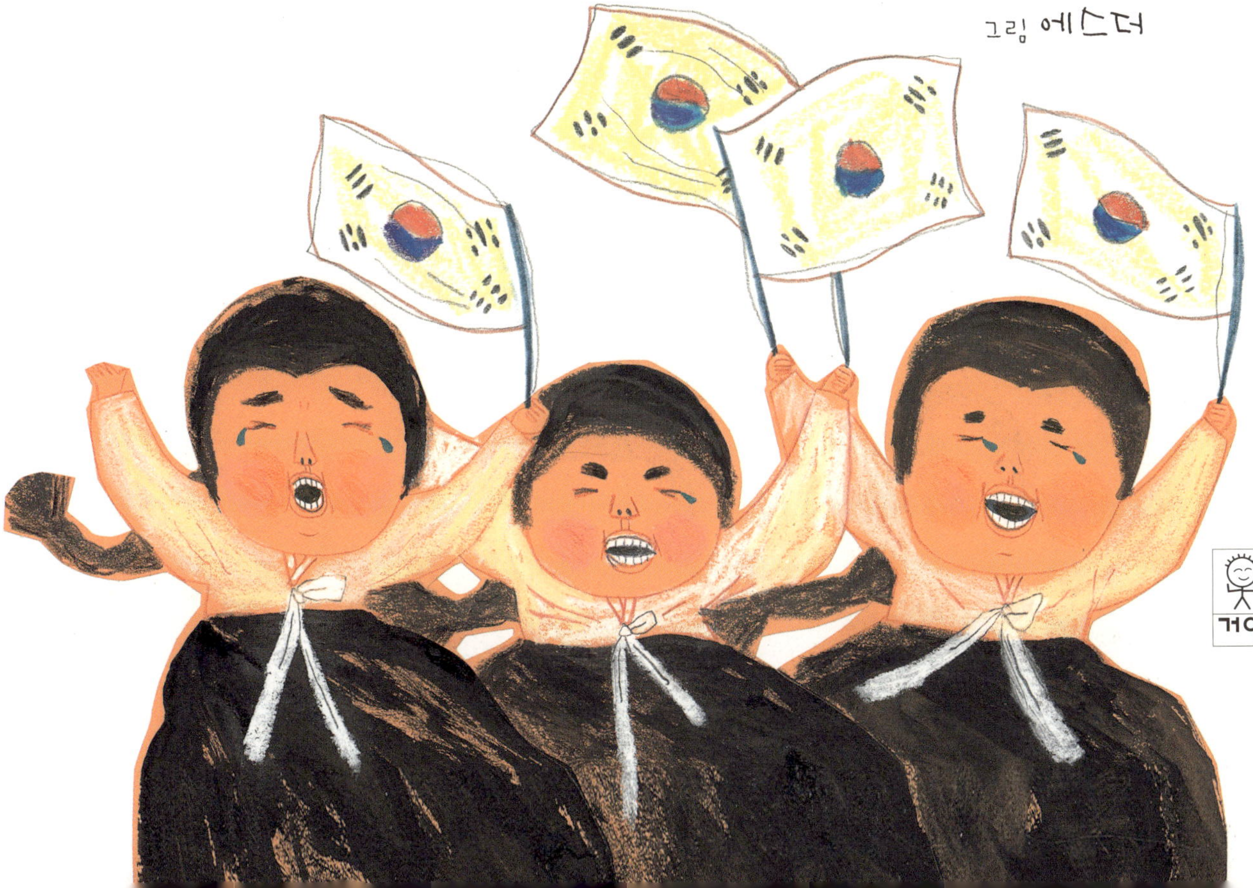

거인

차 례

선사 및 초기 국가 시대

1. 선사 시대는 '도구'로 나누어져요 … 10
2. 선사 시대의 집은 지금과 달랐어요 … 12
3. 신분에 따라 차별을 했대요 … 14
4. 이게 무덤이라고요? … 16
5. 무덤의 모양이 바뀌었어요 … 18
6. 여덟 개의 법으로 고조선을 다스렸어요 … 20
7. 위만이 고조선으로 건너왔어요 … 22
8. 삼한은 여러 나라로 이루어졌대요 … 24

삼국 시대

1. 왕을 부르는 말이 계속 바뀌었어요 … 28
2. 학교를 만들어 유교를 가르쳤어요 … 30
3. 고구려에서 불교를 받아들였어요 … 32
4. 백제가 신라와 손잡았어요 … 34
5. 진흥왕이 단양 적성비를 세웠어요 … 36
6. 가야의 우수한 문화가 흡수되었어요 … 38
7. 신라 귀족들은 만장일치로 결정했대요 … 40
8. 수나라가 고구려로 쳐들어왔어요 … 42
9. 당나라에 맞서 천리장성을 쌓았어요 … 45
10. 한강을 되찾으려던 백제가 멸망했어요 … 48

통일 신라와 발해

1. 신라가 삼국을 통일할 수 있었던 까닭은? … 52
2. 해상왕 장보고가 바다를 지켰어요 … 54
3. 굶주린 농민들이 떨쳐 일어났어요 … 56
4. 신라 말에 새로운 세력이 나타났어요 … 58
5. 발해는 또 다른 이름이 있대요 … 60
6. 발해는 이웃 나라와 교류했대요 … 62

고려 시대

1. 살기 좋은 나라를 만들려고 노력했어요 … 66
2. 강감찬이 거란족을 물리쳤어요 … 68
3. 여진족을 무찌르고 9개 성을 쌓았어요 … 70
4. 문벌 귀족의 횡포가 계속 심해졌어요 … 72
5. 노비들이 평등한 세상을 꿈꿨어요 … 74
6. 몽골이 여섯 차례나 쳐들어왔어요 … 76
7. 도읍지를 강화도로 옮겼어요 … 78
8. 부처님이 나라를 지켜 준다고 믿었어요 … 80
9. 고려 사람들은 이날을 기다렸대요 … 82
10. 새로운 세상을 꿈꾸는 사람들이 생겼어요 … 84
11. 홍건적과 왜구를 물리쳤어요 … 86

조선 시대

1. 유교의 가르침이 널리 퍼졌어요 … 90
2. 신분에 따라 생활 모습도 달랐어요 … 92
3. 훈민정음을 만들어 백성들을 가르쳤어요 … 94
4. 양반이 두 패로 나뉘었어요 … 96
5. 이순신은 바다에서 일본과 싸웠어요 … 98
6. 북쪽의 오랑캐가 쳐들어왔어요 … 100
7. 서민들의 문화와 예술이 생겼어요 … 102
8. 실학은 '실용적인 학문'이라는 뜻이래요 … 104
9. 인재를 고루 뽑는 탕평책을 실시했어요 … 106
10. 수원에 화성을 세웠어요 … 108

근대 사회

1. 서양 세력들이 자꾸 쳐들어왔어요 … 112
2. 외국과 처음으로 조약을 맺었어요 … 114
3. 갑신정변이 3일 만에 끝났어요 … 116
4. 일본이 명성황후를 죽였어요 … 118
5. 시민 단체들이 생겨나기 시작했어요 … 120
6. 일본에게 외교권을 빼앗겼어요 … 122
7. 3·1운동으로 독립국임을 선포했어요 … 124
8. 대한민국 임시정부를 세웠어요 … 126

선사 및 초기 국가 시대

선사 시대는 구석기 시대, 신석기 시대, 청동기 시대로 나누어져요.
이러한 시대 구분은 사람들이 사용하던 도구에 따른 거죠.
구석기 시대에는 돌을 깨뜨려 만든 뗀석기를,
신석기 시대에는 돌을 갈아 만든 간석기를 사용했답니다.
청동기 시대에는 청동을 사용해 무기 등을 만들어 썼으며,
농사를 짓는 데에는 간석기를 사용했어요.

선사 시대란?
1 선사 시대는 '도구'로 나누어져요

글자가 없던 아득한 옛날을 '역사 이전의 시대'라는 뜻으로 '선사(先史) 시대'라고 불러요. 아직 문화가 발달하지 않았으므로 '원시 시대'라고도 부른답니다.

선사 시대는 다시 구석기 시대, 신석기 시대, 청동기 시대로 나누어지는데, 이렇게 나누는 기준이 되는 것이 바로 사람들이 사용했던 '도구'예요.

구석기 시대 사람들은 원시적인 형태의 뗀석기를 사용했

고, 신석기 시대에는 구석기 시대보다는 조금 발달한 간석기를 사용했으며, 청동기 시대에는 구리와 주석을 일정한 비율로 섞어 만든 청동으로 도구를 만들어 썼답니다. 이러한 까닭에 각 시대마다 사람들이 살아가는 모습이 달랐고, 그에 따라 유적과 유물도 달랐지요.

'유적'이란 과거에 살다 간 인류가 남긴 건축물이나 싸움터 또는 역사적인 사건이 벌어졌던 장소나 조개더미, 고분 등을 말합니다. '유물'은 과거 사람들이 남긴 물건인데, 유적에 비해 작고 운반할 수 있다는 점이 조금 다르지요.

선사 시대 집의 모습
2 선사 시대의 집은 지금과 달랐어요

구석기 시대 사람들은 자연적으로 생긴 동굴이나 바위틈에서 살았어요. 동굴은 날씨가 더울 땐 시원하고 추울 땐 칼바람을 막아 주었답니다. 동굴 안에 불을 피우면 추위도 막으면서 무서운 동물들이 다가오는 걸 막을 수도 있었지요. 농사를 짓기 시작한 신석기 시대 사람들은 이리저리 떠돌아다니지 않고 한곳에 머물러 살려고 했어요.

농사를 짓기 위해 힘들게 일구어 놓은 땅을 떠날 수가 없어서 땅을 움푹하게 파서 거기에 빙 둘러 기둥을 세운 뒤 나뭇가지와 갈대를 엮어 지붕을 덮은 움집을 만들었지요.
청동기 시대 사람들은 움집보다 살기 편한 집을 짓기 시작했어요. 땅을 다진 뒤에 나무로 기둥을 세우고 흙과 돌로 벽을 만들고 나뭇가지와 갈대로 지붕을 얹어 집을 만들었답니다.

청동기 시대의 생활 모습
3 신분에 따라 차별을 했대요

청동기 시대가 되면서 사람들 사이에 신분이 정해지기 시작했어요. 신분을 정했다는 것은 지배하는 사람과 지배를 받는 사람이 생겼다는 뜻이에요. 그리고 신분에 따른 차별도 생겨났지요. 또 사람들이 '내 것'과 '남의 것'을 구분하기 시작했답니다.

이렇게 개인의 재산이 생기게 된 것은 농사가 발달하면서 생산량이 늘어났기 때문이에요. 먹고살아가는 데 필요한 식량을 뺀 나머지 곡식을 신분이 높은 사람들이 차지했던 거죠. 그러다 보니 지배하는 사람의 재산이 불어나 권력이 높아지고, 지배를 받는 사람은 지배 계급이 시키는 일을 하게 되었답니다.

이렇게 신분에 대한 차이가 생기자, 옷과 장신구가 신분을 나타내는 중요한 기준이 되었습니다. 권력을 가진 지배 계급은 청동으로 만든 갖가지 장신구로 꾸몄지요.

청동기 시대의 지배자인 족장*은 권위와 권력이 아주 커서 죽고 난 뒤에 무덤도 어마어마하게 만들었습니다. 죽어서도 살아 있을 때의 권력을 한껏 자랑했던 것이지요.

족장
종족이나 부족의 우두머리.

청동기 시대와 고인돌

4 이게 무덤이라고요?

청동기 시대에는 커다란 돌을 세워 지배자들의 무덤을 만들었어요. 이러한 돌무덤을 '고인돌'이라고 부르는데, 무게가 수십 톤에서 수백 톤에 이르는 것까지 다양하답니다. 이처럼 무거운 돌로 커다란 무덤을 만든 이유는 자기 부족의 힘과 지배자의 권력이 강하다는 것을 널리 알리기 위해서였지요.

이러한 고인돌은 탁자식, 바둑판식 등으로 모양이 다양해요. 탁자식 고인돌은 버팀돌을 다리처럼 세우고 그 위에 커다랗고 넓적한 덮개돌을 올린 모양이지요.

바둑판식 고인돌은 낮은 버팀돌 위에 덮개돌을 올려놓은 모양으로, 탁자식 고인돌에 비해 높이는 낮고 돌

탁자식 고인돌

은 두툼하답니다.

우리나라에는 고인돌 유적이 많아요. 우리나라에서 가장 넓게 고인돌이 모여 있는 전라북도 고창에는 무게가 10~300톤에 이르는 고인돌이 무려 447개나 있어요.

▲ 바둑판식 고인돌

전라남도 화순에도 500여 개에 이르는 고인돌이 10킬로미터 정도에 걸쳐 분포해 있는데, 보존 상태가 매우 좋답니다. 또한 인천광역시 강화군에도 120여 개의 고인돌이 흩어져 있는데, 우리나라에서 가장 큰 탁자식 고인돌이 있는 것으로 유명해요. 길이가 7.1미터, 높이가 2.6미터에 이르는 커다란 고인돌이지요.

고창, 화순, 강화 고인돌 유적은 규모도 크고 특별해서 2000년 12월에 유네스코 세계문화유산으로 등록되었답니다.

▲ 우리나라에서 가장 큰 탁자식 고인돌(강화도)

철기 시대의 널무덤과 독무덤
5 무덤의 모양이 바뀌었어요

철기를 만들어 쓰는 철기 시대가 시작되면서, 사람들은 더 이상 고인돌을 만들지 않았어요. 대신 널무덤과 독무덤을 만들었답니다.

널무덤이란 구덩이를 파서 나무판으로 널을 대고 시체를 묻는 것이고, 독무덤이란 크고 작은 항아리를 두 개 또는 세 개를 옆으로 이어서 관으로 사용하는 것을 말해요.

널무덤은 삼국 시대 전기까지 유행했는데, 처음에는 한반도 서북 지역에서 만들어졌고, 차츰 남부 지역으로 퍼졌답니다. 특히 오늘날 낙동강 유역에서 많이 발견되고 있어요.

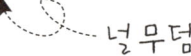
널무덤

독무덤은 초기에는 작은 항아리를 주로 사용하다가 나중에는 커다란 항아리를 사용했던 것으로 보입니다.

우리나라에서는 청동기 시대 이후 독무덤 형태로 무덤을 만들었는데, 청동기 시대와 철기 시대 초기의 유적으로는 평안남도 강서 태성리, 황해도 안악 복사리, 은율 운성리, 신천 명사리, 공주 남산리, 광주 신창동, 김해 회현리와 지내동, 부산광역시 낙민동 동래 패총 등이 유명하답니다.

이러한 독무덤은 역사 시대*에 이르러 하나의 고분* 형식으로 자리를 잡게 되지요.

역사 시대
문자로 쓰인 기록이나 문헌 따위가 있는 시대.

고분
고대에 만들어진 무덤.

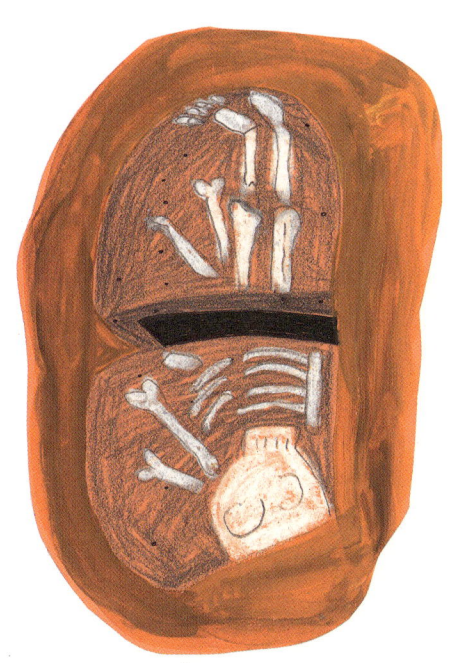

독무덤

6 여덟 개의 법으로 고조선을 다스렸어요
고조선의 8조법

고조선에는 어떤 행동을 금지한다는 내용의 법률인 '8조법'이 있었습니다. 8조법의 여덟 조항* 가운데 오늘날까지 그 내용이 전해 오는 것은 세 개예요.

조항
법률이나 규정 등을 이루는 낱낱의 조나 항목.

이렇듯 법률이 있었다는 것은 고조선이 사회의 질서를 엄격하게 유지해 나갔으며, 죄를 지으면 무서운 처벌을 내렸다는 뜻이랍니다.

오늘날까지 전해 오는 세 개 조항은 다음과 같습니다.

 첫째 　사람을 죽인 자는 즉시 사형에 처한다.

 둘째 　남에게 상처를 입힌 자는 곡식으로 보상해야 한다.

셋째 남의 물건을 훔친 자는 도둑맞은 자의 노비로 삼는다. 다만 도둑질한 자가 죄를 용서받으려면 돈을 내야 한다.

8조법의 이러한 내용을 통해 고조선이 신분에 차별을 두는 계급 사회였다는 것을 알 수 있지요.

고조선은 귀족 세력과 일반 백성인 평민, 노비의 세 가지 신분으로 나누어져 있었다고 해요. 또 개인 재산을 인정했다는 것과 사람의 생명이나 다른 사람의 재산을 중요하게 생각했다는 것을 짐작할 수 있답니다.

위만 조선과 한사군
7 위만이 고조선으로 건너왔어요

준왕
고조선의 마지막 왕으로, 위만에게 나라를 빼앗기고, 남쪽으로 가서 마한의 시조가 되었다고 전함.

국호
나라 이름.

고조선이 한창 발전하고 있을 때였어요. 한나라가 중국 대륙을 통일하자 멸망한 연나라 사람 위만이 사람들을 이끌고 고조선으로 넘어와서는 준왕*에게 외부의 침략이나 공격을 막아 달라고 부탁했지요.

준왕은 선뜻 위만에게 국경을 맡기고 벼슬까지 내렸어요. 그런데 위만은 욕심을 부려 준왕을 배신하고 왕위를 빼앗았답니다. 이때 위만은 '조선'이라는 국호*를 계속 사용했어요. 그뿐 아니라 고조선의 통치 체제와 법률을 계속 사용했고, 풍습을 그대로 따라 상투도 틀었다고 합니다. 이를 바탕으로 위만은 중국에서 철기 문화를 받아들여 철제 무기를 만들었고, 강력한 철제 무기를 가지고 싸움을 승리로 이끌면서 차츰 영토를 넓혀 나갔지요.

하지만 한나라는 조금씩 고조선이 커져가는 것을 못마땅하게 여겼고, 마침내 고조선 땅으로 쳐들어와 전쟁을 벌였답니다. 고조선 사람들은 1년 동안 한나라 군대와 맞서며 끈질기게 잘 버텨 냈지만 끝내 한나라에 멸망하고 말았어요. 이로써 단군이 세웠던 고조선도 막을 내리게 되었답니다. 역사에서는 위만의 고조선을 '위만 조선'이라고 불러요. 이는 단군의 뒤를 이은 후계자들이 다스리던 고조선과 구분하려고 붙인 이름이에요.

삼한의 풍습
8 삼한은 여러 나라로 이루어졌대요

고조선 때부터 한반도 남쪽에 한족(韓族)*이 크고 작은 여러 부족 국가를 이루어 살고 있었어요. 그 가운데 마한, 진한, 변한이라는 세 나라가 다른 작은 부족 국가들을 다스리며 각각 힘을 키우며 성장해 나갔지요. 이 세 나라를 '삼한'이라고 부른답니다.

삼한 중 마한은 지금의 충청도와 전라도 그리고 경기도 일부 지역을 차지하고 있었는데, 크고 작은 부족 국가가 무려 54개나 모여서 만든 나라예요. 마한이 삼한 가운데 가장 크고 강하답니다. 진한은 지금의 강원도와 충청북도 그리고 경상북도를 중심으로 12개의 부족 국가들이 세운 나라예요. 변한은 지금의 김해, 마산 지역 주변의 작은 부족 국가 12개가 모여서 이루어진 연맹*이었지요.

한족
한반도와 그에 딸린 섬에서 예로부터 살아온, 우리나라의 중심이 되는 민족.

연맹
공동의 목적을 가진 단체나 국가가 서로 돕고 행동을 함께하려고 모인 공동체.

삼한에는 나라를 다스리는 '왕'과 나라의 제사를 맡는 '천군'이 따로 있었어요. 천군이 제사 지내는 곳을 '소도'라고 불렀는데, 그곳은 천군이 관리하는 신성한 곳이어서 왕조차도 함부로 갈 수가 없었답니다.

삼국 시대

고조선이 멸망한 뒤 한반도는 지역에 따라 크고 작은 여러 나라로 나누어졌어요. 바로 고구려, 백제, 신라랍니다. 삼국은 새로운 법과 제도를 만들어 나라의 기틀을 다졌으며, 왕을 중심으로 나라를 발전시켜 나갔지요. 삼국은 서로 한반도를 차지하려고 싸움을 벌이기도 했답니다.

신라 왕의 이름과 뜻
1 왕을 부르는 말이 계속 바뀌었어요

알에서 태어난 박혁거세가 첫 번째 왕으로 있을 당시 신라의 나라 이름은 '서라벌'이었어요. 그 뒤로 서라벌은 '사라', '사로' 같은 이름으로 불리다가 지증왕 때 비로소 '신라'라고 불리기 시작했답니다.

왕을 부르는 이름 역시 계속 바뀌었어요. 박혁거세는 '거서간'이라고 불렀어요. 그 뒤로 '차차웅', '이사금', '마립간' 같은 이름이 쓰였어요.

거서간이란 '밝은 태양'이라는 뜻이에요. 박혁거세가 알에서 나와 처음 한 말이 '거서간 알지'여서 왕의 이름으로 신라에서 처음 사용했지요.

차차웅은 '무당'이라는 뜻이에요. 제사를 지내는 사람을 말하며, 당시 가장 높은 권위를 뜻하는 말이에요.

이사금은 '이가 많이 난, 나이 많은 사람'을 뜻하는 말이고, 마립간은 '최고 우두머리'라는 뜻으로, 가장 높은 위치에 있는 사람을 일컫는 말이랍니다. 마립간이라는 이름을 처음 사용한 사람은 신라 17대 왕 내물 마립간이에요. 이때부터 신라에서 한자를 사용하기 시작해 지증왕 때에 이르러 왕이라는 이름과 신라라는 나라 이름을 쓰게 된 거예요.

고구려 소수림왕과 태학
2 학교를 만들어 유교를 가르쳤어요

고구려 17대 소수림왕은 '태학'이라는 국립학교를 세웠어요. 태학은 우리나라 역사상 처음 세워진 교육기관으로, 요즘의 학교나 학원과 비슷한 역할을 했지요.

태학에는 귀족의 자녀들만 입학할 수 있었어요. 평민이나 노비처럼 신분이 낮은 사람은 제아무리 똑똑해도 받아 주지 않았답니다.

당시 고구려는 중국에서 유교* 사상을 받아들였는데, 유교 사상을 바르게 익힌 인재를 길러 내려고 태학을 세운 거예요. 그렇게 세워진 학교인 만큼 유교 사상이 담긴 책들을 교과서로 삼아 학생들을 가르쳤으며, 문학과 무예 같은 것도 익히게 했어요.

유교
'유학'을 종교적인 관점으로 볼 때 유교라고 하며, 유학이란 중국의 공자를 시조로 하는 전통적인 학문을 말함.

젊은이들에게 유교 사상을 가르치려 했던 이유는 유교에서 윗사람을 받들어 모시는 것을 중요하게 여겼는데, 이러한 생각이 사회에 질서를 세우는 데 도움이 되었거든요. 게다가 나라에 충성하고 왕을 섬기는 것 또한 무척 중요하게 가르쳤기 때문에 왕권을 강화하는 데에도 도움이 되었답니다. 또한 각 마을에는 평민들을 가르치는 개인이 세운 교육 기관도 있었는데, 이를 '경당'이라고 불러요. 고구려 평민들은 혼인을 하기 전까지 경당에서 글을 배우고 활쏘기 같은 무술을 익혔답니다. 한반도 북쪽에 자리 잡은 고구려는 산으로 둘러싸인 지형이라서 농사를 짓기보다는 다른 지역에 쳐들어가서 식량을 빼앗아 와야 했기 때문에 무술을 무척 중요하게 여겼거든요.

고구려 소수림왕과 불교

3 고구려에서 불교를 받아들였어요

평소 불교의 가르침에 관심이 많았던 소수림왕은 왕이 된 이듬해 372년에 불교를 받아들였어요. 고구려에는 이미 불교가 퍼져 있었지만 국가에서 공식적으로 인정하지 않은 상태였거든요. 그러던 중 중국 전진의 순도 스님이 불상과 불경을 가지고 고구려로 건너오자 소수림왕이 불교를 국가의 종교로 정하고, 나라에 처음으로 절을 세워 이름을 '초문사'라고 부르기로 했지요. 초문사에서 순도 스님이 본격적으로 포교 활동*을 시작함에 따라 많은 백성들이 불교를 믿게 되었답니다.

소수림왕이 불교를 받아들인 이유는 신앙을 하나로 통일해 백성들에게 하나라는 의식을 심어 주기 위함이었어요. 불교가 들어오기 전에는 사람들은 저마다 자신이 원하는 자연물을 신으로 믿었어요. 그만큼 신도 다양했답니다.

포교 활동
종교를 널리 알리고자 힘쓰는 일.

이렇게 사람마다 서로 다른 신을 섬기다 보니 하나라는 의식이 부족했지요. 소수림왕은 다양한 신을 하나로 아우를 만한 강력한 종교를 찾아야 한다고 생각하고, 마침 불교가 전해지자 나라의 종교로 삼은 것이랍니다.

또한 소수림왕은 백성들이 부처님을 공경하며 받들듯이 왕도 부처님처럼 섬기길 바랐지요. 그래서 백성들이 그런 생각을 자연스럽게 갖도록 불교를 이용한 거예요.

▲ 연가칠년명금동여래입상

4 백제의 나제동맹
백제가 신라와 손잡았어요

장수왕은 아버지 광개토 대왕의 뒤를 이어받아 고구려를 더욱더 강력한 나라로 만들기로 결심했어요.

광개토 대왕은 북쪽의 땅을 많이 넓힌 반면, 장수왕은 남쪽으로 땅을 넓히려고 했어요. 이러한 장수왕의 정책은 남쪽에 있는 백제와 신라를 위협했지요. 혼자서는 고구려에 맞설 수 없다는 것을 깨달은 백제는 신라와 서로 돕기로 했어요. 그리고 433년, 백제의 비유왕과 신라의 눌지왕은 고구려 장수왕을 함께 막아 내자는 약속을 했답니다. 이 동맹을 '나제동맹'이라고 해요.

마침내 475년에 고구려의 장수왕이 백제의 개로왕을 공격하기 시작했어요. 백제의 개로왕은 물밀 듯 밀려오는 고구려 군대를 막지 못했어요. 결국 고구려 군대가 백제의 도읍인 한성까지 포위하게 되었지요.

개로왕의 지원군이 도착하기도 전에 개로왕은 고구려 군사에게 사로잡혀 죽고 말았답니다. 이렇게 해서 장수왕은 백제의 왕족과 귀족을 포함한 8,000명을 포로로 잡아 고구려로 돌아갔답니다.

백제는 500년 동안 지켜 온 도읍인 한성을 고구려에게 빼앗기고 어쩔 수 없이 남쪽으로 밀려나게 되었습니다.

5. 진흥왕과 단양 적성비
진흥왕이 단양 적성비를 세웠어요

신라는 법흥왕 때 왕권을 튼튼하게 하여, 진흥왕 때에 세력이 가장 강해졌어요. 진흥왕은 한강의 중요성을 절실히 깨닫고 있었어요. 그래서 한강 유역을 차지하기 위해 수단과 방법을 가리지 않았답니다. 결국 혼자 힘으로는 고구려가 차지하고 있는 한강 유역을 빼앗기가 어렵다고 판단하고 백제와 힘을 합치기로 했지요.

신라 진흥왕과 백제 성왕의 연합군은 있는 힘을 다해 고구려와 싸웠어요. 그 결과 고구려 군대에게 빼앗긴 한강 유역을 다시 차지할 수 있었답니다. 한강 유역은 본디 백제의 영토였으나 고구려에게 빼앗긴 상태였지요. 백제와 힘을 합쳐 한강 유역을 차지했기 때문에 두 나라는 사이좋게 한강 유역을 나누어 가지기로 했고, 신라는 한강 상류 지역을, 백제는 한강 하류 지역을 차지하게 되었습니다.

진흥왕은 한강 상류 지역을 차지한 뒤 그 기념으로 비석을

세웠지요. 지금의 충청북도 단양군 적성에 세운 '단양 적성비'에는 신라를 위해 큰 공을 세운 사람에게는 상을 내리겠다는 내용이 쓰여 있답니다.

가야의 멸망과 우수한 문화

6 가야의 우수한 문화가 흡수되었어요

연맹
목적이 같은 국가나 단체가 서로 돕고 행동을 함께할 것을 약속하는 일.

교류
근원이 다른 물줄기가 서로 섞여 흐른다는 뜻으로, 문화나 사상 따위가 서로 통한다는 뜻.

가야는 삼한 가운데 하나인 변한이 있던 곳에 세워진 6개 연맹* 국가랍니다. 이 지역은 품질 좋은 철이 많이 나는 곳이었지요.

철을 팔아 부유해진 가야는 신라보다 뛰어난 문화를 꽃피웠다고 해요. 신라나 백제 문화와는 다른 가야만의 독특하고 창조적인 문화를 만들어 나갔던 것이지요.

가야 사람들이 사용하던 토기를 보면 그 모양이 다양해서 중국이나 일본과도 교류*를 한 흔적을 찾아볼 수 있다고 전해진답니다.

아라가야 토기

소모양 토기

오리모양 토기

기마인물모양 토기

가야를 이루고 있는 6개 연맹 국가는 처음에는 김해의 금관가야가 무너지고 30년 뒤에는 고령의 대가야가 신라의 진흥왕의 공격에 멸망하고 말았답니다.

이때 함안의 아라가야, 고성의 소가야도 함께 멸망했다고 해요.

500여 년 동안 지속되어 왔지만 결국에는 멸망하게 된 것이지요.

가야는 역사에서 사라졌지만 가야의 문화는 신라에 고스란히 스며들어 꽃을 피웠어요.

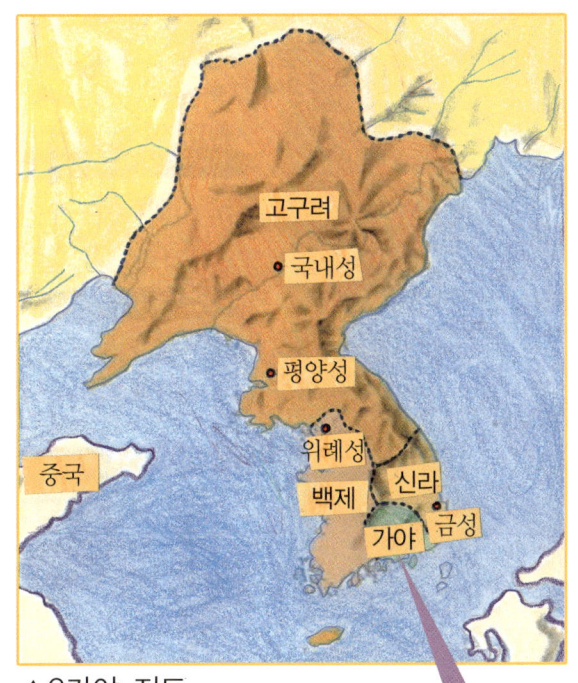

▲6가야 지도

신라의 화백 회의

7 신라 귀족들은 만장일치로 결정했대요

신라에는 '화백 회의'라는 최고의 회의 기구가 있었어요. 이것은 '화합하여 모두 하나가 된다'라는 뜻을 가지고 있지요. 나라에 무슨 일이 일어나거나, 결정할 사항이 생기면 여러 신하들과 귀족들이 모여서 회의를 했지요. 전쟁을 할 것인가, 불교를 받아들일 것인가 등과 같이 나라에 큰 영향을 끼치는 일을 논의하기도 했고요, 왕을 새로 세우거나 왕을 쫓아내는 일도 화백 회의에서 결정했답니다.

화백 회의에 참여하는 귀족을 '대등'이라고 하며, 왕도 귀족 가운데 한 사람으로서 회의에 참여했지요. 그런데 법흥왕 때부터는 왕이 회의에서 빠지고 귀족 세력의 대표자를 뽑아 회의를 책임지고 맡게 했어요. 그 대표자를 '상대등'이라고 불렀으며, 상대등은 왕의 임명을 받아야 했답니다. 상대등은 회의를 진행하기도 하고, 귀족 세력과 왕 사이에 다툼이 벌어질 때 서로의 의견을 조절하는 역할도 했지요.

또한 의견을 하나로 모아 만장일치*가 되게 노력하는 일도 했답니다. 화백 회의에서는 어떤 일을 정할 때, 한 사람이라도 반대하면 결정을 내리지 않았거든요.

만장일치
모든 사람의 의견이 같다는 뜻.

8. 고구려 을지문덕과 살수대첩
수나라가 고구려로 쳐들어왔어요

수나라가 고구려로 쳐들어왔어요!

중국의 통일 왕조인 수나라와 당나라는 고구려와 약 70년에 걸쳐 전쟁을 치렀답니다.

612년 여름, 수나라 양제는 113만 대군을 이끌고서 2차 침입을 했어요. 고구려 군대는 요동성을 지키며 수나라 군대에 맞섰지요. 수나라 군대는 4개월이 넘도록 요동성을 무너뜨리지 못하자 대신 평양성을 공격하기로 했어요. 이에 고구려 장군 을지문덕은 적군을 지치게 만들려고 일부러 지는 척하면서 자꾸 후퇴를 했지요. 그리고 뒤따라온 수나라 군사들이 평양성 근처까지 도착했을 때, 을지문덕은 수나라 장군 우중문에게 시를 한 수 지어 보냈답니다.

▲을지문덕

> 그대의 귀신같은 책략은 천문*을 꿰뚫고
> 절묘한 작전은 지리를 통달했도다.
> 싸워 이긴 공이 이미 높으니
> 족함을 알고 그만 되돌아가는 것이 어떠하오.

사실 우중문과 수나라 군사들은 그동안 너무 지쳐, 수나라로 돌아가고 싶어도 명분*이 없어서 돌아가지 못했던 거예요. 그러던 차에 이 시를 보고 명분을 찾았다고 생각하고는 군대를 돌리기로 결정했어요.

천문
우주와 천체의 온갖 현상과 그 안에 포함된 법칙성.

명분
이름이나 신분에 따라 지켜야 할 도리.

평양성

▲ 청천강

수나라 군대가 살수(지금의 청천강)를 반쯤 건넜을 때였어요. 고구려 군사들은 수나라 군대를 뒤쫓아 가서 공격을 시작했지요. 생각지도 못한 공격에 수나라 군대는 거의 죽었답니다.

살수에서 벌어진 싸움이라고 해서 이 싸움을 '살수대첩'이라고 불러요. 살수대첩을 치르고서 수나라 별동대 30만 명 가운데 살아 돌아간 군사는 겨우 2,700명 정도였다고 합니다. 수나라 황제는 그 뒤에도 고구려를 여러 차례 공격했지만 모두 실패했지요. 거듭된 고구려와의 전쟁으로 수나라는 결국 멸망하게 되었고, 그 뒤를 이어 당나라가 세워졌답니다.

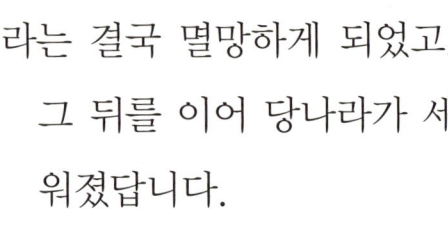

고구려 연개소문과 안시성 싸움

9 당나라에 맞서 천리장성을 쌓았어요

중국의 수나라가 멸망한 뒤 당나라가 세워졌어요. 당나라도 수나라처럼 고구려를 호시탐탐 노리고 있었답니다. 당나라 태종 이세민은 고구려를 침략하려고 모든 준비를 갖추었는데, 고구려는 이를 눈치채고서 중국 국경과 맞닿은 국경선을 수리하고 천리장성을 쌓았답니다. 천리장성은 랴오허 강*을 따라, 남쪽의 비사성에서 북쪽의 부여성까지 쌓은 성이에요.

랴오허 강
중국 둥베이 지방 남부 평원을 가로지르는 강.

▲ 연개소문

이때 고구려는 지배층이 권력 다툼을 벌이느라 나랏일을 돌보지 않아 나라 안이 혼란에 빠져 있었지요. 이 틈을 타고 연개소문은 영류왕을 죽이고 보장왕을 왕으로 세웠답니다. 그러자 연개소문은 스스로 최

45

고 권력을 차지하고 보장왕을 허수아비로 만들어 버렸어요.

호시탐탐 고구려를 공격할 빌미를 찾고 있던 당나라 태종 이세민은 영류왕을 죽이고 권력을 차지한 연개소문을 벌해야 한다는 이유로 고구려를 공격해 왔습니다. 육군과 수군이 양쪽에서 고구려를 공격함에 따라 요동성과 백암성이 차례로 무너졌지요.

당나라 군대는 계속 나아가 안시성*까지 둘러쌌어요. 이에

안시성
삼국 시대에, 고구려가 랴오허 강 유역에 설치한 성. 고구려와 당나라의 싸움에서 당군의 침략을 막은 곳.

맞서 안시성 백성들은 당나라 군대보다 더 높은 산을 쌓아 죽을힘을 다해 싸웠답니다. 안시성의 우두머리였던 양만춘은 성 안의 백성들과 군사들을 격려하며 한마음 한뜻이 되어 끝까지 싸울 수 있도록 이끌어 나갔어요.
한편 당나라 군대는 시간이 지날수록 점점 힘을 잃었답니다. 날씨도 추워지고 먹을 식량도 떨어져 가고 있었거든요. 어쩔 수 없이 당나라 태종은 후퇴 명령을 내렸어요.
결국 안시성을 지키던 고구려 군대가 당나라를 물리치고 승리를 거두게 되었답니다.

백제의 성왕과 의자왕

10 한강을 되찾으려던 백제가 멸망했어요

동맹
둘 이상의 개인이나 단체 또는 국가가 서로의 이익이나 목적을 위해 함께 행동하기로 맹세하며 맺는 약속.

백제 성왕은 백제의 도읍을 웅진성에서 사비성으로 옮기고 새롭게 나라를 이끌어 가려고 노력했답니다. 성왕의 노력으로 백제는 안정을 되찾고 힘을 키우게 되었어요. 백제는 신라와 동맹*을 맺어 고구려에 빼앗겼던 한강 유역을 되찾았어요. 하지만 신라의 진흥왕도 한강 유역에 눈독을 들이고 있었던 터라 결국 성왕을 배신하고 한강 유역을 차지해 버렸답니다. 이 일로 화가 난 성왕은 직접 군사들을 이끌고 신라를 공격하다가 관산성에서 벌어진 싸움에서 목숨을 잃었지요.
이제 백제와 신라는 더 이상 동맹 관계

가 아니었어요. 오히려 백제는 고구려와 손을 잡고서 한강 유역을 차지한 신라와 맞서 싸우게 되었답니다. 이후 의자왕이 백제의 왕이 되었어요. 이때까지도 백제와 신라는 계속해서 싸우고 있었지요. 신라가 당나라와 동맹을 맺고서 백제를 공격하자, 계백은 죽기를 각오한 5,000명의 무리를 이끌고 황산벌에서 용감하게 싸웠으나 끝내 목숨을 잃고 말았습니다. 백제의 마지막 희망이던 계백이 전쟁터에서 죽었다는 소식을 들은 의자왕은 항복했습니다.
의자왕을 모시던 삼천 궁녀는 낙화암에 올라가 눈물을 흘리며 뛰어내렸다는 이야기가 전해져 내려오고 있습니다.

통일 신라와 발해

삼국 시대에는 한반도를 중심으로 고구려, 백제, 신라, 세 나라가 서로 힘을 겨루었어요. 그러나 신라가 백제와 고구려를 무너뜨리고 삼국을 통일함에 따라 정치, 경제, 문화가 발전했답니다.
발해는 압록강 북쪽에 세워진 나라로, 고구려 유민들을 모아 새로운 나라를 세운 대조영은 고구려의 후예임을 강조하며 나날이 힘을 키워 나갔답니다.

문무왕과 삼국 통일

1 신라가 삼국을 통일할 수 있었던 까닭은?

신라는 한강을 차지하면서 통일의 기초를 마련하게 되었어요. 한강을 차지한다는 것은 당시 가장 발달해 있던 중국과 교류를 할 수 있다는 뜻이에요. 진흥왕 때 한강을 차지하면서 중국과 활발하게 교류를 펼칠 수 있게 되었지요.

신라가 삼국 통일을 이루어 낼 수 있었던 데에는 화랑도 큰 몫을 했답니다. 화랑은 평소에는 단체 생활을 하면서 수련*을 했지만, 전쟁이 일어나면 전쟁터로 달려가 나라를 위해 목숨을 바쳐 싸웠어요. 또한 고구려와 백제가 혼란스러운 틈을 잘 이용해서 두 나라를

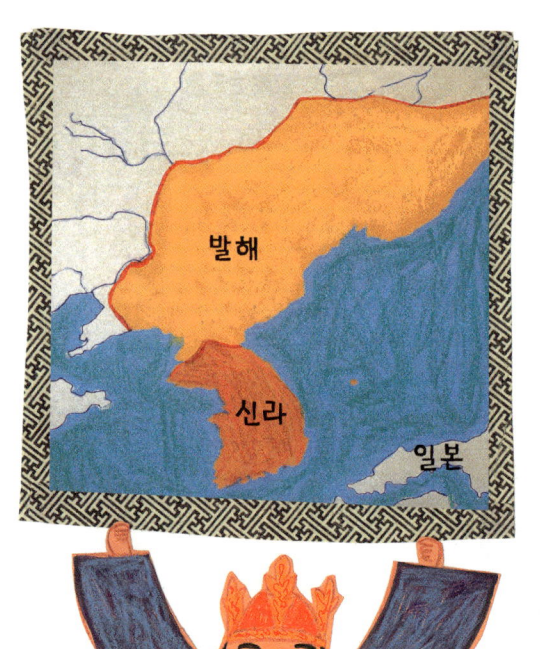

문무왕

멸망시켰던 점도 통일을 이룰 수 있었던 이유가 된답니다.

태종 무열왕 김춘추의 뒤를 이은 문무왕은 김유신과 함께 백제를 무너뜨렸고 당나라와 손잡고 나당 연합군을 이루어 내분*으로 어지러웠던 고구려로 쳐들어갔지요.

나당 연합군은 고구려 평양성을 무너뜨렸고 결국 고구려는 멸망했답니다. 이렇게 문무왕은 백제와 고구려를 무너뜨리고 삼국 통일의 주인공이 되었지요.

수련
인격, 기술, 학문 등을 닦아서 단련함.

내분
내부에서 자기편끼리 서로 다툼.

백제인　　신라인　　고구려인

해상왕 장보고와 청해진

2 해상왕 장보고가 바다를 지켰어요

장보고는 당나라에서 지내면서 당나라 해적들이 신라 사람들을 노예로 파는 것을 보게 되었답니다. 이런 상황을 그냥 지나칠 수 없어서 고국*인 신라로 돌아왔어요. 당나라 해적에게서 신라 사람을 지키고 해상 무역을 일으켜야겠다고 마음먹은 장보고는 그길로 흥덕왕을 찾아가 신라 사람들이 당나라에서 노예로 팔리고 있음을 알리고 당나라 해적을 모조리 없애야 한다고 말했어요. 흥덕왕은 장보고의 마음에 감동을 받아 그에게 군사를 내주었습니다.

장보고는 왕에게 허락받은 군사 1만 명으로 군대를 만들고 청해(지금의 전라남도 완도)에 청해진을 세웠지요. 이후, 그는 당나라 해적을 물리치고 청해 지역의 해상권*을 손에 쥐었답니다. 이렇게 권력을 쥐게 되자 청

고국
주로 남의 나라에 있는 사람이 자신의 조상 때부터 살던 나라를 이르는 말.

해상권
무력으로 바다를 지배할 수 있는 권력.

해진을 지나는 당나라나 일본 배들을 통제할 수 있었고 통행세도 받을 수 있었어요. 나라에서는 장보고의 공을 인정해 '청해진 대사'라는 벼슬을 내렸고, 사람들은 해상 무역을 장악한 장보고를 '해상왕'이라고 불렀어요.

신라 말 농민 봉기

3 굶주린 농민들이 떨쳐 일어났어요

신라 말, 왕과 귀족들은 서로 왕이 되겠다고 다투었어요. 155년 동안 왕이 스무 명이나 바뀌었고, 몇몇 왕은 1년도 채 안 되어 왕 자리에서 쫓겨나는 일도 있었답니다.

일부 귀족들이 왕권 다툼으로 정신이 없을 때 다른 귀족들은 재산 불리기로 눈을 돌리기도 했지요.

귀족들의 땅은 점점 넓어져만 갔고, 그러다 보니 농민들은 그나마 가지고 있던 땅마저 빼앗기곤 했어요.

땅을 잃은 농민은 세금 낼 돈을 마련하지 못해 남의 집 노비가 되기도 하고, 남은 가족들을 먹여 살리려고 자식을 파는 농민들도 생겨났어요. 반면 귀족들은 궁 안에 있는 안압지와 포석정에서 잔치를 일삼았답니다.

▲안압지

안압지는 자연적으로 생겨난 연못이 아니라 사람들이 못을 파고 산을 세워 만든 인공 연못이에요. 진성여왕 때에는 농민들이 살기가 더욱 어려워졌어요. 흉년이 든 데다가 전염병까지 돌았거든요. 그럼에도 나라에서는 예전과 똑같이 세금을 바치라고 재촉했어요. 하지만 백성들은 세금을 낼 돈이 없었답니다. 이렇게 죽든, 저렇게 죽든, 어차피 마찬가지라고 생각한 농민들은 봉기*를 일으켰어요. 봉기는 순식간에 온 나라로 퍼져 나갔답니다.

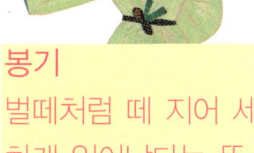

봉기
벌떼처럼 떼 지어 세차게 일어난다는 뜻.

호족의 등장과 6두품

4 신라 말에 새로운 세력이 나타났어요

신라 말기에 지배층들은 왕권 다툼을 하느라 백성들을 잘 돌보지 않았어요. 자연히 왕의 권력도 작아져서 도읍에서 멀리 떨어진 지방 백성들까지 다스리지는 못하게 되었지요.

호족
통일신라 말기에 등장한 지방 세력가.

이러는 사이에 지방의 백성들을 다스리는 '호족*'이라 불리는 사람들이 나타났어요. 이들은 개인적으로 군사들을 모으고, 자신이 다스리는 지역 백성들에게 세금도 직접 거두어들였답니다. 사실상 한 지역 전체를 통치했던 까닭에 왕과 같은 권력을 가졌던 것이지요. 이런 호족들이 신라 곳곳에 등장하기 시작했어요. 이렇게 지방에서 활동하던 호족들 가운데 주목할 만한 인물은 왕건, 궁예, 견훤, 그리고 장보고랍니다. 이러한 호족들은 자신의 세력을 키우거나 세력을 합치면서 새로운 나라를 건설해 나갔답니다.

또 다른 새로운 세력도 등장했는데, 바로 6두품*이지요. 신라는 백제나 고구려보다 신분 제도를 엄격히 지켰어요. 아버지와 어머니 모두가 왕족이어야만 왕이 될 수 있었지요. 진골 귀족은 아무리 훌륭해도 왕이 될 수 없었고, 귀족은 더더욱 출세*하기가 어려웠답니다.

6두품
신라의 골품 제도에서 성골, 진골 다음의 신분.

출세
사회적으로 높은 지위에 오르거나 유명하게 되는 것.

더구나 6두품에게는 신분 제도의 장벽이 너무나 높았고, 신라의 사회 제도가 마음에 들지 않았던 거지요. 따라서 6두품에 속한 사람들은 사회를 새롭게 바꾸고자 하는 새로운 세력이 되었답니다.

성골(왕족)
진골
6두품

5. 발해는 또 다른 이름이 있대요

해동성국 발해

고구려가 멸망한 뒤, 당나라는 고구려의 맥을 끊기 위해 옛 고구려 사람들을 요서의 영주 지방으로 옮겨 살게 했어요. 이에 고구려 장군이었던 대조영이 당나라 군대를 무찌른 뒤, 옛 고구려 땅이었던 동모산 아래를 도읍으로 정하고 고구려의 남은 사람들을 모아 '진'이라는 나라를 세웠습니다. 대조영이 세운 진국은 나날이 발전했어요. 주변 나라인 돌궐과 친하게 지냈고 신라에 사신을 보내기도 했답니다. 또한 옛 고구려 땅도 되찾기 시작했어요.

진국이 나날이 강해지자 당나라 현종은 대조영을 '발해군왕'이라고 불러 주었고, 이 때부터 진국을 발해라고 부르게 되었지요.

대조영의 뒤를 이어 왕의 자리에 오른 무왕은 주변

▲동모산

나라를 정복해 영토를 더 넓혔어요. 그 뒤를 이어받은 문왕은 나라의 체계를 정비하고 여러 지역을 연결해 대외 무역을 활발하게 이끌었지요. 선왕 때에는 발해의 영토가 최대로 넓어졌으며, 문화도 크게 발전했어요. 이런 발해를 당나라 사람들은 '바다 동쪽의 번영한 나라'라는 뜻으로 '해동성국'이라고 불렀답니다.

발해의 발전과 멸망
6 발해는 이웃 나라와 교류했대요

발해는 9세기 선왕 때 전성기를 맞이했습니다. 특히 발해는 고구려와 당나라 문화의 영향을 받아 그것을 자신들의 것으로 독특하게 완성해 나갔지요. 예를 들면 불상, 석등, 연꽃무늬 기와는 고구려 기와와 닮은 듯 하면서도 발해만의 독특함을 지니고 있답니다.

또한 발해는 일본뿐만 아니라 당, 신라, 거란 등과도 활발하게 무역을 했어요.

발해 불상

발해 불상

석등

연꽃무늬 기와

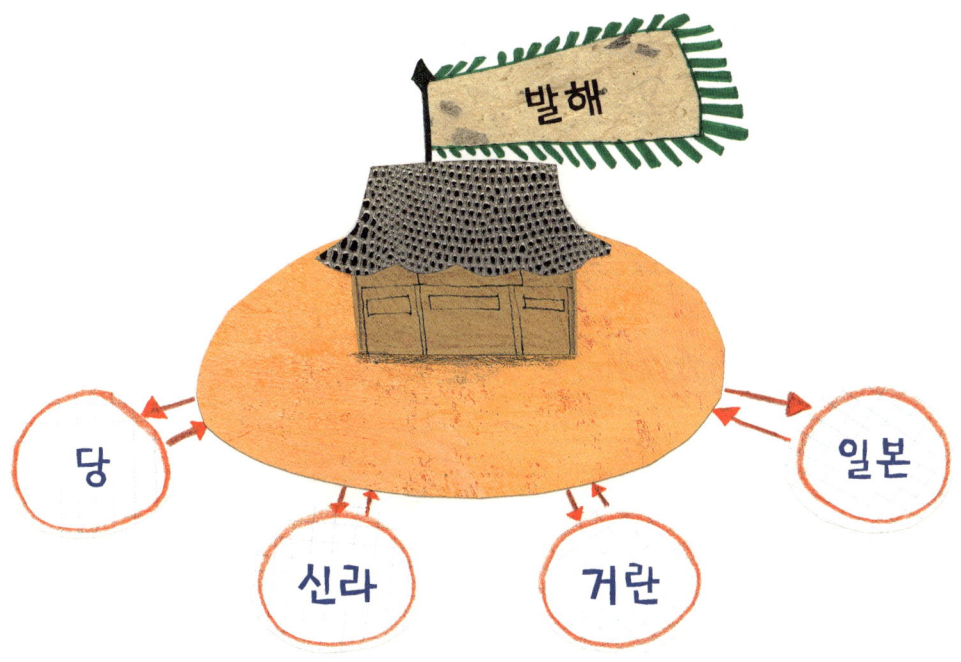

이렇게 다른 나라들과 사이좋게 지내던 발해는 갑자기 세력이 기울었어요. 당나라가 멸망한 뒤 세력을 키운 거란이 발해를 호시탐탐 노리고 있다가 926년에 발해의 수도(상경 용천부)를 포위했던 거예요. 발해의 마지막 왕 대인선은 며칠 지나지 않아 항복했답니다.

이로써 230년 동안 고구려 지역에서 역사를 이어 온 발해는 마침내 한반도에서 자취를 감추게 되었습니다.

고려 시대

삼국을 통일한 신라가 왕과 귀족들의 다툼으로 혼란스러워지자
궁예와 견훤이 각각 나라를 세웠어요.
이로써 신라와 함께 후삼국 시대가 열리게 되었지요.
이후 궁예의 부하로 신임을 얻었던 왕건이
궁예를 몰아내고 고려라는 왕조를 세웠어요.
왕건은 신라를 통합하고 후삼국의
통일을 이루어 냈답니다.

왕건의 《훈요십조》와 최승로의 《시무 28조》

1 살기 좋은 나라를 만들려고 노력했어요

후삼국을 통일하고 고려를 세운 왕건은 세상을 떠나기 전에 후대의 왕들에게 《훈요십조》를 남겼어요. 《훈요십조》란 10개 조항으로 이루어진 정치 지침서인데, 후대의 왕들은 이 지침서에 따라 나라를 다스렸다고 해요.

《훈요십조》의 10개 조항은 아래와 같아요.

《훈요십조》

1. 왕위를 이을 때는 맏아들이 잇는 것을 원칙으로 한다.
2. 절을 지을 때는 풍수를 따져야 한다.
3. 연등회와 팔관회는 중요한 행사이니 열도록 한다.
4. 관리의 월급을 깎지 말고 세금을 가볍게 한다.
5. 바른말을 해야 하며, 남을 비방하는 자는 멀리해야 한다.

…… 중략 ……

10. 〈서경〉을 중요하게 여겨야 한다.

한편 성종은 왕의 자리에 오른 뒤 신하들에게 정치의 옳고 그름을 가리는 상소*를 올리라고 명령했어요. 이에 따라 최승로라는 유학자가 왕에게 《시무 28조》를 올렸지요. 《시무 28조》는 왕이 바른 정치를 하기 위해 지켜야 할 내용을 담은 상소문이에요. 본디 28조였으나 지금은 22조만 전해 오고 있답니다.

상소
주로 나라 관리나 신하가 임금에게 나랏일에 대해 글을 올리던 일이나 글.

《시무 28조》

1. 귀족을 지나치게 누르지 않도록 하십시오.
2. 군사력을 키워 오랑캐에 대응해야 합니다.
3. 관리들은 상하 관계가 잘 드러나도록 관복을 입어야 합니다.
4. 귀족들을 심하게 억누르지 말아야 합니다.

…… 중략 ……

21. 왕은 신하를 대할 때 예의를 갖추어야 합니다.
22. 절을 함부로 세우지 말아야 합니다.

강감찬과 귀주 대첩

2 강감찬이 거란족을 물리쳤어요

거란은 영토를 넓혀 요나라를 세웠어요. 이때 중국에는 송나라가 세워져 고려와 좋은 관계를 유지하고 있었지요.

거란은 송나라를 쳐서 중국을 통일하고 싶어 했어요. 그런데 송나라와 좋은 관계를 맺고 있는 고려가 송나라를 도와줄 것이라고 판단하고는 고려부터 공격했어요. 거란은 총 세 차례나 고려에 쳐들어왔답니다. 고려는 강감찬 장군을 총사령관으로 삼아 거란을 막아 냈어요. 강감찬은 흥화진 전투에서 셀 수 없이 많은 거란 군사들을 물에 빠져 죽게 했어요. 흥화진에서 패배한 거란군 장군 소배압은 개경을

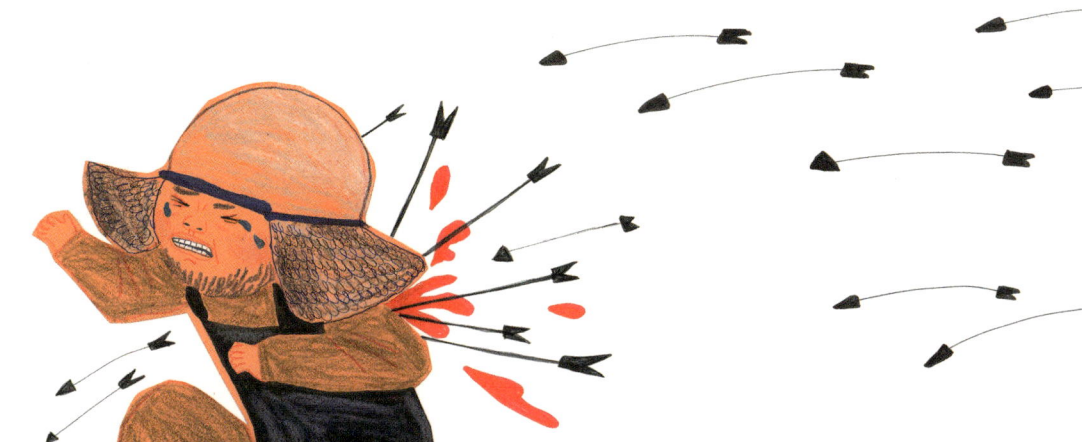

향해 진군했어요. 그러나 개경에서도 고려 군사들의 청야 전술*로 후퇴를 할 수밖에 없었지요. 그다음에는 후퇴하는 거란 군대와 그들을 기다리고 있던 고려 군대가 귀주 벌판에서 전투를 벌였어요. 고려의 군사들은 거란 군사들을 좁은 골짜기로 몰아넣고 빠져나가지 못하게 한 다음, 한꺼번에 화살을 쏘아 댔어요. 그 결과 거란의 군사 대부분이 살아서 돌아가지 못했답니다. 귀주에서 치러진 이 싸움을 '귀주 대첩'이라고 부른답니다.

청야 전술
전쟁시 백성들은 성 안으로 피신시키고 적군을 위한 식량은 남겨 놓지 않고, 우물을 메우고, 쌀 한 톨도 남겨 놓지 않아서 적군을 굶어 죽게 하는 전술.

3 별무반과 동북 9성
여진족을 무찌르고 9개 성을 쌓았어요

거란과의 전쟁이 끝난 뒤, 고려는 여진족을 공격하기 시작했어요. 여진은 본디 만주 지역에 사는 유목민*인데, 점점 영토를 확장하고 있었거든요. 특히 완옌부(여진족의 부족)가 여진을 통합하자 동북아시아의 떠오르는 강자가 되었어요.

유목민
목축을 업으로 삼아 풀과 물을 따라 옮겨 다니면서 사는 민족.

고려 국경 근처까지 세력이 커지자 고려에 침입해 백성들을 죽이거나 자주 피해를 입혔어요. 이에 고려에서는 여진족을 공격했지요. 하지만 1차 공격은 실패로 끝나고 말았어요. 말을 타고 싸우는 기병이 중심을 이루고 있는 여진족을 당해 낼 수가 없었기 때문이지요. 이에 고려군 총사령관 윤관은 기병을 이기려면 고려에서도 기병을 길러 내야 한다고 주장했어요. 그래서 '별무반'이라는 특수 부대가 만들어졌어요.

《별무반의 구성》

걸으면서 싸우는 신보군

승려로 구성된 항마군

말 타고 싸우는 신기군

별무반은 말을 타고 싸우는 기병 부대인 신기군과 육군 보병 부대인 신보군, 승려들로 구성된 항마군, 이렇게 세 부분으로 이루어져 있었어요. 별무반으로 무장한 고려군은 2차 공격을 시작한 후 커다란 승리를 거두었답니다.

윤관은 여진족을 완전히 몰아내기 위해 함경도의 중요한 9곳에 성을 쌓아, 남쪽 지방의 백성들을 살게 했어요. 9개의 성을 쌓았다 해서 '동북 9성'이라고 부르지요.

4 문벌 귀족과 이자겸의 난
문벌 귀족의 횡포가 계속 심해졌어요

고려 시대에는 왕족이나 공을 세운 신하의 자손, 고급 관리의 자손은 과거를 치르지 않고 관리가 될 수 있도록 정한 '음서'라는 제도가 있었어요. 이에 따라 높은 관리의 후손들은 과거 시험을 치르지 않고도 대대로 벼슬아치가 되었답니다. 몇 대에 걸쳐 벼슬을 하게 된 집안이 생기게 되었고, 그들의 힘과 영향력은 점점 커져 갔지요. 이들 집안을 '문벌' 또는 '문벌 귀족'이라고 부른답니다. 이들 가운데 왕에 버금가는 권력을 자랑했던 문벌 귀족이 있었는데, 바로 이자겸이에요.

이자겸은 갈수록 세력을 키워 가더니 급기야는 왕의 자리까지 욕심을 냈어요. 자기의 두 딸을 17대 왕 인종과 혼인시키기까지 하면서 최고의 자리를 차지했답니다. 하지만 거기서 그치지 않고 자기가 왕이 되려고 반란을 일으켰어요. 왕도 이런 이자겸을 가만히 둘 수는 없었답니다. 심지어 이름에 '십(十)' 자와 '팔(八)' 자가 있는 사람이 왕이 된다는 소문까지 퍼졌지요. 두 글자를 위아래로 합치면 바로 '목(木)' 자가 되는데, 이자겸의 성씨인 '이(李)' 자에 그 글자가 들어가니 이자겸이 왕이 된다는 이야기거든요. 화가 난 인종은 이자겸의 사돈인 척준경을 시켜 이자겸을 쫓아냈답니다. 또 이자겸과 그의 가족들을 귀양* 보냈고, 그의 두 딸은 왕비의 자리에서 물러나 궁에서 내보냈답니다.

귀양
옛날에 죄인을 변방이나 외딴섬에 보내 살게 하던 형벌.

5 만적의 난
노비들이 평등한 세상을 꿈꿨어요

신분
개인의 사회적인 위치나 계급.

노비
사내종과 계집종을 아울러 이르는 말.

고려 시대는 부모에 따라 그 자손들의 신분*이 정해졌어요. 부모가 귀족이면 귀족으로 살아갔고, 부모가 노비*면 노비로 평생을 살아야 했지요. 노비들은 주인의 명령에 무조건 따라야 했으며, 주인의 형편에 따라 사고팔 수도 있었답니다. 이런 노비들이 수도 개경에서 봉기를 일으켰어요.

노비들의 봉기에 앞장 선 사람은 만적이랍니다. 만적은 무신인 최충헌의 노비였는데, 멸시와 천대를 받는 노비 신분에서 벗어나기를 간절히 바랐어요.

만적은 자신과 생각이 같은 노비들을 한자리에 모아 노비가 존재하지 않는

▲ 흥국사

세상을 만들자고 뜻을 모았답니다. 그러고는 생각이 같은 사람들을 더 많이 모아 흥국사에서 모이기로 약속을 했지요. 그러나 흥국사에 모인 노비는 많지 않았어요. 만적은 이 사람들로는 부족하다고 생각해 날짜를 다음으로 미루었지요. 그런데 다음날 한충유의 노비인 순정이 주인에게 폭로하는 바람에 모임에 와서 뜻을 모았던 노비들과 만적은 모두 붙잡히고 말아요. 비록 만적의 난은 실패했지만 불평등한 신분 제도에 직접적으로 도전한 최초의 신분 해방운동이었어요.

몽골과의 전쟁과 삼별초

6 몽골이 여섯 차례나 쳐들어왔어요

몽골은 1231년 이후 총 여섯 차례에 걸쳐 고려에 쳐들어왔어요. 기마 민족이었던 몽골 군사들은 말을 타고 재빠르게 움직였지만 고려의 장군들과 백성들은 힘을 합쳐 그들의 공격을 잘 막아 냈답니다. 하지만 고려 백성들은 30년 동안 전쟁터로 변해 버린 나라에서 살아가야 했어요.

전쟁 중이라 농사도 제대로 짓지 못해 굶주림에 시달려야 했고, 여자들과 어린이들은 포로로 잡혀가기까지 했지요.

몽골은 계속 싸워도 고려가 쉽게 항복할 것 같지 않자 고려에 화해를 청했답니다.

고려 왕은 몽골에 와서 예의를 갖추고 다시 개경으로 도읍을 옮기라는 조건을 내세웠지요. 이 조건에 왕과 문신들은 적극 찬성했어요. 하지만 무신들은 개경으로 돌아가는 데 반대했지요. 왕과 무신이 서로 다투다가 무신 최의가 죽고 나서야 비로소 원종 왕이 몽골의 도움을 받아 강화를 맺고 전쟁을 끝냈답니다. 그렇지만 개경으로 돌아가기를 거부하고 몽골과 끝까지 싸운 군대가 있었는데, 바로 '삼별초'예요. 삼별초는 3년 반 동안 강화도에서 진도로, 다시 제주도로 근거지를 옮기며 몽골과 싸웠어요. 그러나 끈질긴 항쟁도 1273년 여·몽 연합군의 공격에 무너지고 말았어요. 이로써 삼별초의 항쟁은 완전히 끝났지요. 하지만 삼별초는 3년 반 동안 백성들과 함께 몽골에 맞서 싸운 유일한 군대로 기억되고 있습니다.

▲삼별초의 마지막 근거지였던 제주도의 항파두리성

임시 도읍지, 강화도
7 도읍지를 강화도로 옮겼어요

1231년, 고려를 침입해 온 몽골은 사사건건 고려의 내정(국내의 정치)을 간섭했어요. 그러자 이때 정권을 잡고 있던 최우 정권은 수도를 개경에서 강화도로 옮겼어요.

최우가 강화도를 임시 도읍으로 정한 이유는 섬이라 적군이 쉽게 공격을 할 수 없었고, 도읍이었던 개경에서도 가까웠으며, 무엇보다 각 지역에서 세금을 걷기도 편했거든요. 또한 강화도가 섬이긴 해도 면적이 넓어 무인 세력뿐 아니라 왕과 귀족들도 모두 옮겨 갈 수 있으니 임시 도읍으로는 안성맞춤이었던 거예요.

강화도로 피신한 최우와 귀족들은 개경에 있는 궁궐과 똑같은 궁을 짓고 절도 세워 강화도를 개경처럼 만들었답니다. 이들은 개경에서처럼 화려한 생활을 하고 사치스런 잔치를 열었다고 해요.

전쟁이 벌어지고 있는데도 강화도는 전

쟁과는 아무 관련이 없는 것처럼 말이에요. 이후 39년이 지나 고려는 도읍을 다시 개경으로 옮겼답니다.

지배 계층이 자기들만 살겠다고 모두 떠나고 덩그러니 남겨진 백성들은 스스로를 지켜야 했어요. 도망가기에 바쁜 관리들, 전쟁에서 싸우기를 포기해 버린 국가의 군대를 더 이상은 믿을 수가 없었던 것이지요. 농민들과 노비들은 군대를 조직해 몽골 군대에 맞서 열심히 싸웠답니다.

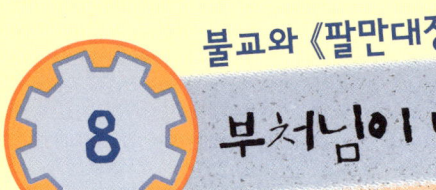

8 불교와《팔만대장경》
부처님이 나라를 지켜 준다고 믿었어요

고려는 나라의 종교로서 불교를 믿었어요. 그래서 자연히 불교와 관련된 문화가 많이 발달했지요. 이러한 영향으로 고려에는 불교에 관련된 자료를 남기기 위한 불교 출판과 인쇄 문화가 발달했어요.

목판 인쇄로는 8대 현종 때의《초조대장경》, 15대 숙종 때의《속장경》, 23대 고종 때 완성된《팔만대장경》같은 불교 경전을 많이 편찬했지요.

이 가운데《팔만대장경》은 불경을 새긴 목판의 수가 8만 개, 또 사람의 마음속 갈등을 이겨낼 수 있는 8만 4,000가지의 법문을 새겼기 때문에 붙여진 이름입니다. 고려 시대에 만들었다고 해서《고려대장경》이라고도 불러요.

목판에 양쪽으로 불경을 새겨 넣은《팔만대장경》은 부처님의 힘을 빌려 몽골을 물리치겠다는 소원을 담아 만든 것으로 그러한 간절함에 글자 하나를 새길 때마다 세 번씩 절을 했다고 해요. 그만큼 정성을 들였다는 뜻이지요. 1236년에 만들기 시작해서 1251년에 비로소 완성을 했답니다.

《팔만대장경》에 새겨진 글자체가 모두 고르고 아름다워서 당시 고려의 뛰어난 목판 인쇄술을 세계적으로 자랑하고 있으며, 그 규모와 보존 기술도 세계 최고라는 평가를 받아 오늘날 유네스코 세계문화유산으로 지정되기도 했답니다.

팔만대장경

9 연등회와 팔관회
고려 사람들은 이날을 기다렸대요

고려 시대에는 불교가 백성들의 일상생활과 긴밀하게 연관되어 있었답니다. 국가에서는 때마다 규모가 큰 불교 행사를 열었는데, 바로 연등회와 팔관회랍니다. 고려 사람들은 이 연등회와 팔관회를 명절처럼 여기고 축제로 즐기기도 했지요.

연등회는 해마다 음력 정월 대보름(음력 1월 15일)에 열리는 행사였어요. 원래는 석가모니의 탄생일을 기념하던 잔치였어요. 그런데 시대에 따라 연등회의 모습으로 변했지요. 농사일을 주로 하던 고려 시대에는 농업과 관련 지어 행사를 열었다고 해요.

팔관회는 해마다 음력 11월 15일에 열렸어요. 팔관회는 부처님은 물론이고 자연의 모든 신들(하늘 신, 강 신, 바다 신), 그러니까 예부터 대대로 전해 내려오는 전통 신들과 함께하는 온 나라의 축제였어요. 팔관회가 열릴 때는 이웃 나라의 사람들도 함께 축제를 즐겼다고 합니다.

권문세족과 신진사대부

10 새로운 세상을 꿈꾸는 사람들이 생겼어요

고려는 몽골과의 싸움에서 진 후 무려 80년 동안이나 원나라의 간섭을 받았어요. 그러면서 자연스럽게 원나라 세력이 고려의 여러 곳에 영향을 끼치게 되었답니다.

이러한 원의 세력에 빌붙으려는 사람들도 생겨났지요. 이들은 원나라 사람처럼 옷을 입고 원나라식 이름으로 바꾸기도 했어요. 이러한 사람들을 '권문세족'이라 불렀는데, 이들은 자기네끼리 관직을 세습*하는 것은 물론 백성들의 토지를 강제로 빼앗기도 했답니다.

권문세족 때문에 나라는 점점 기울어 갔고, 이를 바로 세우기 위해 충선왕과 충목왕은 개혁을 실시했지만 거듭 실패했어요. 하지만 성리학을 배운 학자들이 관리가 되면서 개혁 세력의 중심에 서기 시작했지요.

세습
한 집안의 재산이나 신분, 직업 따위를 대대로 물려주고 물려받음.

이들 대부분은 지방의 향리* 출신으로, 과거를 통해 관리가 되었고, 땅을 많이 소유하지도 않은 새로운 세력이었지요. 이들을 '신진사대부'라고 부른답니다.
신진사대부는 그동안 정당하지 않은 방법으로 농민들의 땅을 빼앗고 국가의 재정을 낭비하는 권문세족을 비판했어요. 또한 고려 사회를 개혁하고, 성리학의 이념을 바탕으로 하는 새로운 사회를 건설하려 했답니다.

향리
각 고을의 벼슬아치 밑에서 일을 보던 사람.

홍건적과 왜구의 침입

11 홍건적과 왜구를 물리쳤어요

14세기 중엽 중국의 원나라는 홍건적의 난으로 혼란한 상황을 맞게 되었어요. 원나라는 소수의 몽골족이 다수의 한족을 지배하고 있었어요. 그런데 몽골족이 무리하게 세금을 걷으니까 한족이 화가 났던 것이지요. 이들 한족들이 단결된 모습을 보여 주고자 모두들 머리에 빨간 띠를 둘렀기 때문에 '홍건적'이라고 불렀답니다.

홍건적은 원나라를 멸망시키려다가 오히려 원나라의 반격으로 쫓기게 되자 방향을 돌려 고려로 쳐들어온 거예요.
고려를 괴롭힌 것은 홍건적만이 아니었어요.
1350년에는 왜구가 수백 척의 배를 끌고 나타나 식량을 빼앗아 갔어요. 하지만 날이 갈수록 대담해져서 나중에는 사람까지 죽였다고 해요.
최무선이 발명한 화약 무기는 왜구를 소탕하는 데 큰 역할을 했어요. 또한 최무선의 화약 무기로 무장한 고려의 함대는 왜구의 배 500척을 불사르고 통쾌한 승리를 거두었답니다.
1389년에는 고려의 장군 박위가 왜구의 본거지인 대마도를 소탕했지요. 그 뒤로 왜구는 고려를 더 이상 공격하지 않았다고 해요.

조선 시대

고려는 원나라를 따르던 권문세족과 명나라를 따르는 신진사대부의 대립이 이어졌어요. 더구나 홍건적과 왜구의 침입으로 나라 안팎이 어지러웠지요. 이때 홍건적과 왜구를 물리치며 이름을 날리게 된 이성계는 세력을 키워 개경을 점령하고, 고려 왕조를 무너뜨렸습니다. 이성계는 조선이라는 나라를 세우고, 한양을 도읍으로 정해 나라를 키워 나갔답니다.

《삼강오륜》과 왕도 정치

1 유교의 가르침이 널리 퍼졌어요

경전
성현이 쓴 또는 성현의 말이나 행실을 적은 책이나 종교의 교리를 적은 책.

조선 시대의 통치 이념은 유교였답니다. 왕들은 덕치주의와 민본 사상을 기본으로 왕이 덕으로써 나라를 다스리고 모범을 보여 백성들이 스스로 따르게 하는 왕도 정치를 실천하고자 노력했어요. 또 왕들은 나라를 다스릴 때 백성을 가장 먼저 생각해야 한다는 뜻인 민본을 중요하게 여겼다고 해요.

국가를 이끌어 가는 왕과 신하들은 유교를 더욱더 열심히 공부했어요. 하지만 좋은 나라를 세우기 위해서는 귀족뿐만 아니라 백성들도 유교를 알아야 한다고 생각하게 되었지요. 그래서 백성들이 유교를 쉽게 받아들일 수 있도록 《삼강오륜》을 만들었답니다.

삼강은 임금과 신하 사이에 지켜야 할 도리가 있다는 '군위신강(君爲臣綱)', 어버이와 자식 사이에 지켜야 할 도리가 있다는 '부위자강(父爲子綱)', 남편과 아내 사이에 지켜야 할 도리가 있다는 '부위부강(夫爲婦綱)'을 말해요.

오륜에는 아버지와 아들 사이에는 친함이 있어야 한다는 '부자유친(父子有親)', 임금과 신하 사이에는 의리가 있어야 한다는 '군신유의(君臣有義)', 남편과 아내는 각각 해야 할 일이 있다는 '부부유별(夫婦有別)', 어른과 어린이는 각각 지켜야 할 질서가 있다는 '장유유서(長幼有序)', 벗 사이에는 믿음이 있어야 한다는 '붕우유신(朋友有信)'이 있답니다.

부자유친

부부유별

2 조선의 신분 구별
신분에 따라 생활 모습도 달랐어요

← **양반**
관료, 특권 계층
토지와 노비를 소유한 지주

← **중인**
양반과 상민의 중간 계층
서리, 향리, 역관, 의관, 율사, 화원

← **상민**
일반 백성
농민, 수공업자, 상인

천민 →
최하위 계층
노비, 백정, 광대, 무당

조선 시대에는 신분을 양반, 중인, 상민, 천민으로 나누었고, 도읍이던 한양에서는 신분에 따라 사는 동네는 물론 집의 크기, 입는 옷도 구분했답니다.

'양반'은 원래 무반과 문반을 뜻하는 말이었어요. 하지만 시간이 지나면서 가족과 가문은 물론 조선의 지배층을 통틀어 모두 양반이라고 부르게 되었지요. 양반은 관직에 올라 나랏일에 참여하고자 유교 경전을 공부했어요.

'중인'은 양반과 상민의 중간 계층을 말해요. 관청에서 일하는 서리나 향리가 여기에 속하고, 통역을 하는 역관, 의사인 의관, 법률가인 율사, 화가인 화원 들도 모두 중인에 속한답니다.

'상민'은 일반 백성들을 말해요. 대부분 농사를 지었지만 농사지을 땅을 소유한 농민은 많지 않았어요. 이외에 수공업이나 상업을 하는 사람도 상민에 속한답니다.

'천민'은 남의 집에서 종살이를 하는 노비나 소, 돼지, 말 따위를 잡는 일을 하는 백정, 재주를 부리는 광대*, 굿을 하는 무당* 등이 있어요. 이들 중 노비가 천민의 대부분을 차지했는데, 부모 중 한쪽이 노비이면 자식 역시 노비가 되었어요. 노비는 주인 마음대로 사거나 팔 수 있었으므로 주인의 소유물로 여겨 세금을 물리지 않았답니다.

광대
가면극, 인형극, 줄타기, 땅재주, 판소리 따위를 하는 직업적 예능인.

무당
귀신을 섬겨 길흉을 점치거나 굿하는 것을 직업으로 하는 사람.

세종대왕과 훈민정음
3 훈민정음을 만들어 백성들을 가르쳤어요

조선 시대 이전까지 우리나라는 고유의 문자가 없어서 우리말을 자유롭게 표현할 수가 없었어요. 이에 세종대왕은 정인지, 신숙주, 성삼문, 최항, 박팽년 같은 집현전* 학자들과 함께 누구나 쉽게 배워 자기 생각을 마음껏 표현할 수 있는 문자인 '훈민정음'을 만들었지요.

집현전
학문 연구와 국왕의 의견을 묻는 기관으로 세종 때 정치, 문화, 제도가 발전하는 데 주요 역할을 함.

세종대왕이 훈민정음을 만들기 전에는 중국의 글자인 한자를 사용했지만 말은 우리말을 썼어요. 그러다 보니 어렵고 복잡한 한자를 배우지 못한 백성들은 글을 쓸 수가 없었지요.

세종대왕은 이를 안타깝게 여겨 훈민정음을 만들었던 거예요. 하지만 처음에 양반들은 훈민정음을 '상스러운 글자'라고 하여 '언문(諺文)'이라 부르며 무시했어요. 또 한자를 읽고 쓰기 어려워하던 양반집 여자들이 훈민정음을 쓰기 시작했기 때문에 이를 낮추어 보며 '암글'이라고도 불렀지요. 그 뒤 훈민정음의 편리함이 널리 알려지고 나서야 상민 신분의 남자들도 훈민정음을 쓰게 되었고, 아주 빠르게 퍼져 나갔답니다.

4 사림파와 훈구파
양반이 두 패로 나뉘었어요

조선 제7대 왕 세조가 왕위에 오르면서 훈구파가 등장했어요. 세조가 수양대군이었을 때 어린 조카 단종은 12살에 왕이 되었어요. 너무 어린 나이라 김종서, 황보인 같은 정승들이 단종 대신 정치를 했답니다. 작은아버지인 세조는 정승들이 왕 대신 나랏일을 돌보는 데 불만이 많았어요.

그래서 단종을 몰아내고 자기가 왕이 되었지요.

세조가 왕이 되는 데 도움을 준 사람들이 있었는데, 세조는 그들에게 높은 벼슬과 토지, 노비 등을 주었답니다. 이들은 거기서 그치지않고 더 많은 재산과 권력을 얻으려 했지요. 이들이 바로 '훈구파'예요. 그러나 성종 때 지방에서 교육과 학문에 열중하던 '사림파'를 정치에 불러들이면서 훈구파와의 경쟁이 시작되었어요. 이들 사림파는 훈구파를 매몰차게 몰아붙였어요.

훈구파는 자신들을 사사건건 훈계하는 사림파를 벼르고 있던 중 드디어 사림파를 공격할 기회를 잡았지요. 성종이 죽고 연산군이 왕이 되자 훈구파와 사림파는 본격적으로 대립하기 시작했어요. 이들은 총 네 차례에 걸쳐 '사화*'를 일으키는데, 그 첫 대결이 바로 '무오사화'였지요. 이후 갑자사화, 기묘사화, 을사사화가 계속 일어나 많은 사람들이 죽어 갔답니다.

사화
사림이 정치적 반대파에 의해 참혹한 화를 입는 것.

이순신과 거북선

5 이순신은 바다에서 일본과 싸웠어요

1592년 일본의 도요토미 히데요시가 20만 대군을 이끌고 조선을 공격해 왔어요. 미처 대비를 하지 못한 조선은 금방 일본에게 한양을 빼앗기고 말았어요.

선조와 대신들은 북쪽으로 피난을 가고 군대도 도망을 간 상태에서 나라를 위해 싸운 사람들은 바로 의병*이었습니다.

의병
외적의 침입을 물리치려고 백성들이 스스로 만든 군대 또는 병사.

의병들이 육지에서 싸우는 동안 이순신은 수군을 이끌고 일본 군에 맞서 싸웠답니다. 이순신은 거북선을 이용해 용감하게 싸워 일본군을 물리쳤어요.

일본은 육지에서의 싸움도, 바다에서의 싸움도 모두 불리해지자 강화*를 맺자고 했어요. 하지만 일본은 정유년에 또다시 조선을 침범했고, 이에 이순신은 12척의 배를 이끌고 바다로 나가 100척 넘는 일본 수군을 쫓아냈답니다. 이 전투가 바로 '명량 해전'이에요. 그 뒤 도요토미 히데요시가 죽자 일본군은 자기 나라로 배를 돌렸어요. 그러나 되돌아가는 일본군을 이순신은 노량에서 공격했어요. 하지만 이 전투에서 이순신은 일본군이 쏜 탄환에 맞아 죽게 되었어요. 숨을 거두는 순간에도 자신의 죽음을 알리지 말라고 했는데, 그 이유는 자신의 죽음을 알고 병사들의 사기가 떨어져서 싸움에 영향을 줄 것이라고 생각했던 것이랍니다.

강화
싸우던 두 편이 싸움을 그치고 평화로운 상태가 됨.

병자호란과 북벌 정책

6 북쪽의 오랑캐가 쳐들어왔어요

1727년, 자기 나라에 예를 갖추지 않는다며 청나라 군사들이 조선에 쳐들어왔어요. 당황한 인조와 신하들은 강화도로 피난을 갔어요. 그리고 아무런 준비도 없이 싸움을 할 수 없었던 인조는 청나라에 휴전을 제의했고, 청나라 군대는 청나라와 형제가 되겠다는 인조의 약속을 받아 낸 뒤 물러났지만 조선은 약속을 지키지 않고 청나라를 멀리했지요. 이에 화가 난 청나라가 조선을 공격했는데, '병자년의 오랑캐의 침입'이라고 해서 '병자호란'이라고 부른답니다. 청나라의 10만 대군이 한양을 단번에 차지하자 인조는 결국 45일 만에 청나라에 굴복하고 말았답니다.

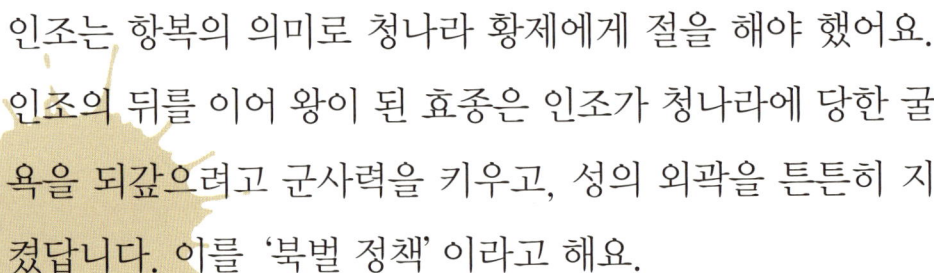

인조는 항복의 의미로 청나라 황제에게 절을 해야 했어요. 인조의 뒤를 이어 왕이 된 효종은 인조가 청나라에 당한 굴욕을 되갚으려고 군사력을 키우고, 성의 외곽을 튼튼히 지켰답니다. 이를 '북벌 정책'이라고 해요.

'북벌'이란 명나라에 대한 의리를 지키고 야만족인 청나라를 정벌하자는 뜻을 담고 있어요. 그러나 북벌 정책은 효종의 죽음으로 결실을 맺지 못하고 끝나고 말았답니다.

7 서민들의 문화와 예술이 생겼어요
서민 문화

조선 전기에는 양반들을 중심으로 그림이나 시조, 소설 같은 창작 활동이 많았어요. 서민들은 당장 먹고살기도 힘들어 문화를 즐길 여유가 없었으니까요. 하지만 조선 후기에 농업과 상공업이 발달하면서 경제적으로 여유가 생기자 서민들도 차츰 예술과 문화에 관심을 갖기 시작했어요.

서민들은 장터나 마을 어귀에 모여 판소리나 탈놀이를 즐기거나 부귀와 건강을 바라는 마음을 담아 민화를 그리거나 한글로 소설을 쓰며 서민 문화를 만들어 나갔답니다. 서민 문화가 발달한 데에는 한글과 서당의 역할이 컸어요. 한글을 쓸 줄 알고 교육을 받은 서민과 여성이 늘어남에 따라 자신들의 생각을 자유롭게 나타낼 수 있었으니까요.

실학의 등장

8 실학은 '실용적인 학문'이라는 뜻이래요

인조의 아들 소현 세자가 청나라에 인질*로 잡혀갔어요. 그는 청나라에서 처음 서양 과학과 천주교를 접했답니다.

소현 세자는 조선으로 돌아올 때, 지구의와 천문학 책 등을 가지고 왔지요. 또한 명나라 사신으로 갔던 정두원도 돌아오는 길에 자명종, 천리경, 서양의 기계 들을 가지고 왔답니다.

인질
약속을 행하도록 잡아두는 사람.

지구의

자명종

천리경

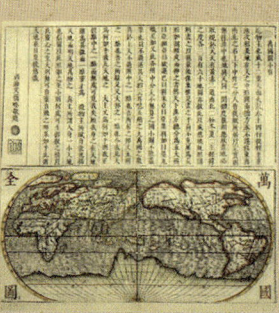
곤여만국전도

서양의 문물과 과학이 들어오면서 조선에서도 실생활에 필요한 학문의 필요성을 주장하는 사람들이 생겨났어요.
학문은 명분보다는 실제 생활을 하는 데 도움이 되어야 한다는 생각이었지요. 이런 학문을 주장하는 사람들을 '실학자'라고 부르며 이들이 공부하는 학문을 '실학'이라고 부른답니다.
실학자들의 관심 분야는 저마다 달랐어요. 유형원, 이익은 농업이 중요하니 토지를 개혁해야 한다고 주장했고요, 홍대용, 박지원은 상업을 부흥시켜야 하고 청나라를 본보기로 삼아야 한다고 주장했지요.

정약용

이들 가운데 사회를 개혁하려는 뜻을 품고 학문을 연구한 사람도 있었어요. 바로 정약용이에요. 정약용은 자신의 연구 성과를 《목민심서》, 《경세유표》 등의 책으로 남기기도 했어요.

탕평책

9 인재를 고루 뽑는 탕평책을 실시했어요

조선 전기에 사림파는 네 번의 사화로 죽거나 정치 활동에서 물러났다가 선조 때부터 다시 관직에 진출하기 시작했어요. 이때부터 모든 관직을 차지하고 정치를 주도해 나갔지요.

인조 때에는 사림들끼리 이조전랑*의 자리를 두고 싸움이 벌어졌어요. 이 때문에 파가 갈리게 되어 동쪽에 사는 사람을 '동인', 서쪽에 사는 사람을 '서인'으로 부르며 대립했지요. 그러다가 하나의 정치 세력을 이루었는데, 이를 '붕당'이라고 한답니다. 이들은 처음에는 서로를 의식하면서 정치를 올바르게 이끌었어요. 하지만 시간이 지날수록 자기 편에 속한 사람들을 편 들고 다른 쪽 사람들을 어려움을 빠지게 하거나 쫓아내는 일도 생겼답니다.

이조전랑
조선 시대 이조의 전랑(정5품)과 좌랑(정6품)을 함께 이르던 말이며, 관원을 뽑는 큰 권한을 가진 직책.

결국에는 정치보다는 권력을 잡으려고 서로 다투면서 나라가 어지러워졌지요. 영조는 이러한 사림파들의 싸움을 막아야겠다고 생각하며 '탕평책'을 실시했답니다. 탕평책이란 '어느 편에도 치우치지 않는다'라는 뜻을 담고 있어요. 실제로 영조는 관리를 뽑을 때 당파에 관계없이 골고루 등용하였고, 탕평책을 실시하면서 탕평비까지 세워 자신의 의지를 표현했답니다.

탕평비

수원 화성

10 수원에 화성을 세웠어요

정조는 억울하게 죽은 아버지를 기억하기 위해 수원에 신도시 화성을 건설하기로 했어요. 정조의 아버지 사도세자는 자신의 아버지 영조에게 죽임을 당했거든요. 그러니까 당쟁 때문에 억울하게 죽은 것이라고 할 수 있지요.

사도세자가 소론 쪽 사람들과 가까이 지내는 게 못마땅했던 노론 쪽 사람들이 영조에게 사도세자의 나쁜 점만을 이

뒤주

야기했고, 이야기를 들은 영조는 자신의 아들을 궁궐 뜰 앞에 있는 뒤주*에 가두었답니다. 뒤주에 갇힌 사도세자는 영문도 모르는 채 뒤주에서 죽었지요. 이때 정조는 아버지의 죽음을 옆에서 지켜보았고, 커서 왕의 자리에 오르자 억울하게 죽어 간 아버지를 위로하는 뜻으로 아버지의 묘를 수원으로 옮기고 화성을 세운 것이랍니다. 이뿐 아니라 화성은 다른 나라의 침략을 막을 수 있는 방어 기능과 아름다움을 두루 갖추고 있어요. 옹성*을 보면, 방어 기능을 알 수 있다고 해요. 성문 앞에 한쪽 팔을 구부린 것 같은 모양으로 성이 한 겹 둘러져 있는데, 이러한 수원 화성의 구조가 아름다워 유네스코 세계문화유산으로 지정되기도 했어요.

뒤주
쌀 등의 곡식을 담아 두는 나무 궤짝같이 생긴 살림살이.

옹성
성문을 보호하고 튼튼히 지키기 위하여 큰 성 밖에 원 모양이나 네모 모양으로 쌓은 작은 성.

▲수원 화성

근대 사회

일본과 서양의 강대국들은 조선을 침략할 기회를 노리고 있었고, 여러 가지 문제점을 안고서 고종이 왕위에 올랐어요. 흥선 대원군은 아들을 대신해 실권을 잡고는 외국과 교역을 하지 않는 쇄국 정책을 펼치며 외국의 침입을 막는 데 안간힘을 썼어요. 하지만 1876년 항구를 열고 외국 문물을 받아들이게 되었답니다.

1 흥선 대원군의 쇄국 정책
서양 세력들이 자꾸 쳐들어왔어요

통상 조약
두 나라 사이의 물품을 서로 사고팔면서 생기는 사항을 규정한 조약.

병인양요
흥선 대원군의 천주교도 학살과 탄압에 대항하여 프랑스 함대가 강화도에 침범한 사건.

조선 후기, 조선의 바닷가에는 서양 배들이 자주 나타났어요. 이들 배 모양이 우리나라 배와 다르다고 해서 '이양선'이라고 불렀어요. 조선의 바닷가에 이양선이 자주 나타날 즈음, 흉흉한 소식이 들려왔어요. 청나라가 서양과 통상 조약*을 맺었을 뿐 아니라, 영국과 프랑스 군대가 청나라의 수도 북경을 차지했다는 소식이었어요. 그리고 서양 오랑캐들이 조선에까지 쳐들어올 거라는 소문이 퍼졌지요.

이 때 어린 고종을 대신해 흥선 대원군이 조선을 다스리고 있었어요. 흥선 대원군은 무너져 가고 있던 조선을 되살리기 위해 안으로는 왕권을 강화하기 위한 개혁 정책을, 밖으로는 나라의 문을 걸어 잠그고 서양과 전혀 소통하지 않는 쇄국 정책을 썼어요.

흥선 대원군은 처음엔 서양과 잘 지내면 좋다고 생각했어요. 하지만 병인양요*와 신미양요*를 겪으면서 나라의 문을 열고 서양과 통상 조약을 맺는 것보다 나라의 문을 굳게 닫고서 상대하지 않는 쇄국 정책이 옳다고 확신하게 되었어요.

신미양요
미국이 1866년의 제너럴셔먼호 사건을 이유로 조선을 개항시키려고 무력 침략한 사건.

2. 강화도 조약과 개항
외국과 처음으로 조약을 맺었어요

흥선 대원군이 물러난 뒤 비로소 고종이 직접 나라를 다스리기 시작했어요. 고종은 아버지 흥선 대원군과는 다르게 쇄국 정책을 그만두고 나라의 문을 열었답니다.

▲일본 군함 운요호

1875년 강화도 초지진에 일본 군함 운요호가 다가오자 조선군은 배에 대포를 쏘았어요. 운요호는 곧 돌아갔지만 멀리 있던 다른 배가 초지진을 향해 대포를 쏘고 사라졌답니다. 운요호는 돌아가면서 인천에 상륙해 조선의 집들을 불태우고 사람까지 죽였어요.

이유 없이 피해를 입은 조선이 일본에 책임을 묻기도 전에 일본이 먼저 따지고 들었습니다. 일본은 물을 얻으러 갔는데 조선군이 공격을 하는 바람에 하는 수 없이 총을 쏘았다면서 그 책임을 조선에게 지라고 했어요. 그리고 부산에 군사들을 보내 일본과 회담을 하지 않을 경우엔 한양으로 쳐들어가겠다고 협박까지 했지요. 일본과 통상 조약을 맺어야 할지, 거절해야 할지 결정을 내리지 못하고 있던 차에 청나라에서 편지가 왔어요. 일본과 조약을 맺어야만 전쟁을 피할 수 있을 것이라는 내용이었지요. 사실 그 편지는 청나라에서 보낸 것이 아니라 일본이 청나라에 부탁을 한 것이라고 해요. 하지만 달리 좋은 방법이 없었던 조선은 일본과 조약을 맺었답니다.

체결
계약이나 조약 등을 공식적으로 맺음.

1876년 조선 대표와 일본 대표는 강화도에서 만나 불평등한 조약을 체결*했지요. 강화도에서 맺어진 조약이므로 '강화도 조약'이라고 한답니다.

강화도 조약 모습

갑신정변

3 갑신정변이 3일 만에 끝났어요

1884년에 김옥균을 중심으로 한 개화파*는 일본의 도움을 받아 정변*을 일으켰어요. 우정국 축하 파티에서 반대 세력을 제거하고 새로운 정부를 꾸리겠다고 발표했던 거예요. 김옥균과 개화파 사람들은 작성한 개혁안을 고종에게 내밀며 그대로 시

개화파
새로운 문물과 제도를 받아들이자고 주장하는 사람들의 집단.

행하라고 강요했답니다. 하지만 민씨의 부탁을 받은 청나라 군대가 궁궐을 포위해 개화파를 공격했어요. 또 개화파를 돕기로 했던 일본군이 약속을 지키지 않았지요. 이로써 정변은 실패로 끝났답니다.

그들은 조선의 근대화를 앞당겨야 한다며 14개 조항으로 이루어진 개혁안을 마련했지만, 정변이 일어난 지 3일 만에 끝나 버려 실행조차 할 수가 없었던 거예요. 이것이 바로 '갑신정변'이랍니다.

결국 이 사건으로 인해 민씨 정권은 더욱 힘을 얻었고, 청의 간섭은 더욱 심해졌답니다.

정변
혁명이나 쿠데타 등의 정당하지 않은 방법으로 생긴 정치의 변동.

▲갑신정변을 주도한 개화파들의 모습

4 을미사변
일본이 명성황후를 죽였어요

청일 전쟁에서 승리한 일본은 중국의 랴오둥 반도와 조선에 대한 간섭권을 가지게 되었어요. 하지만 러시아가 독일, 프랑스와 함께 일본을 간섭하기 시작하며 랴오둥 반도를 중국에 돌려주라고 요구하기도 했어요. 점점 강해지는 일본의 힘을 누르기 위해 러시아, 독일, 프랑스가 간섭한 사건을 '삼국 간섭'이라고 부른답니다.

일본이 삼국 간섭으로 중국에 랴오둥 반도를 돌려주어야 한다고 하자 명성황후는 그제야 마음을 놓았어요. 명성황후는 고종과 자신을 물러나게 하고 아무 힘도 없게 만들었던 일본을 싫어했거든요.

명성황후는 삼국 간섭을 꾸민 러시아의 힘을 빌리기로 했어요. 그래서 조선의 주요 직책에 러시아파 사람들을 앉혔답니다. 명성황후가 이렇게 나오자, 일본은 친러파와 가까이 지내고 러시아를 옹호하는 명성황후를 없애야겠다고 생각했어요. 이에 일본은 미우라 공사에게 명성황후를 죽이라고 시켰어요.

1895년 경복궁에서 총소리가 들렸고, 조금 뒤에 명성황후는 죽은 채 발견되었습니다. 그 자리에는 명성황후뿐 아니라 많은 궁녀들도 함께 죽어 있었지요. 명성황후를 죽인 일본인들은 증거를 없애려고 궁에 불까지 지르고 사라졌답니다. 이를 '명성황후 시해 사건' 또는 '을미사변'이라고 부릅니다.

독립협회, 독립신문, 만민 공동회

5 시민단체들이 생겨나기 시작했어요

독립협회는 1896년 서재필, 윤치호, 이상재 등이 만든 단체랍니다. 서재필은 갑신정변이 실패하자 미국으로 유학을 떠났다가 공부를 마치고 귀국해 독립협회와 독립신문을 만들었답니다. 국민들에게 독립의 필요성을 알리고 독립운동에 참여하자는 내용 등을 담은 독립신문은 한글과 영문 두 가지로 만들어 냈습니다.

한글판 덕분에 국민들은 나라 사정을 잘 알게 되었고, 영문판으로는 외국인들에게 조선에서 일어나는 일을 알릴 수 있었지요.

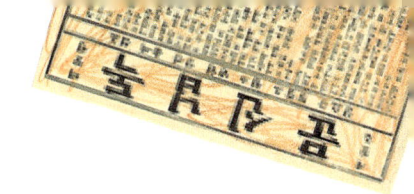

독립협회는 독립신문을 발행하여 국민들에게 세상을 보는 눈을 열어주는 일 외에도 독립문을 세우고 각종 토론회를 열었어요. 특히 청나라 사신을 맞이하던 영은문을 헐고 그 자리에 국민들로부터 성금을 모아 독립문을 세운 것은 매우 의미 있는 일이었지요. 또한 '만민 공동회'라는 집회도 열었는데, 주로 종로에서 시민들과 여러 단체, 정부 관료 등 많은 사람들이 모여 정치적 의견을 발표했다고 해요.

을사조약과 헤이그 특사

6 일본에게 외교권을 빼앗겼어요

1905년에 일본이 대한제국의 외교권을 빼앗고자 강압적으로 을사조약을 맺었어요.

러일 전쟁*에서 승리한 일본은 이토 히로부미를 보내 조선의 외교권을 접수하고 일본 통감부*를 설치한다는 등의 5개 조문을 내밀며 협약을 맺으라고 강요했지요. 이는 여덟 대신 가운데 다섯 대신(을사 5적*)의 찬성을 얻어 체결한 굴욕적인 조약이었답니다. 이에 고종은 1907년 네덜란드 헤이그에서 열리는 만국평화회의에 이준, 이상설, 이위종의 3인 특사를 비밀리에 보냈어요. 이들 비밀 특사를 통해 을사조약 체결은 일본의 강압에 따른 것이라는 사실을 폭로하고, 이를 없었던 일

러일 전쟁
1904년에 한반도와 만주에 대한 지배권을 둘러싸고 러시아와 일본 사이에 일어난 전쟁.

통감부
을사조약을 맺은 후 일본이 조선의 정치를 마음대로 조정하려고 1906년에 설치한 기구.

을사 5적
을사조약 체결에 가담하여 나라를 판 다섯 명을 일컫는 말.

로 무효화하려는 목적이었지요. 그러나 일제가 방해해 특사들은 회의에 참석조차 하지 못했답니다.

이후 을사조약 소식은 전국으로 퍼져 나갔어요. 나라를 다시 찾으려는 사람들이 전국적으로 의병 활동을 시작했지요. 특히 러시아에서 의병 활동을 하고 있던 안중근 의사는 이토 히로부미가 하얼빈을 방문한다는 소식을 듣고 하얼빈 역에 몰래 들어가 이토 히로부미를 사살하는 데 성공했어요. 하지만 그 자리에서 바로 붙잡히고 말았지요. 안중근 의사는 붙잡힌 뒤에도 당당한 자세를 잃지 않았다고 해요.

7. 3·1운동으로 독립국임을 선포했어요

3·1운동과 유관순

제1차 세계 대전이 끝난 후 미국의 윌슨 대통령은 '세계 민족은 자신의 운명을 스스로 결정해야 한다.'라는 주장을 했답니다. 이는 식민지 지배를 받고 있던 많은 나라들에 희망을 안겨 주었지요. 이런 분위기 속에서 일본의 한국 유학생들이 중심이 되어 한국의 독립을 주장하는 '2·8 독립 선언'을 발표했다는 소식이 들려왔어요. 이러한 상황에 용기를 얻어 국내에서도 독립운동을 조직하기 시작했어요.

마침내 1919년 3월 1일, 33인의 종교 지도자들이 태화관에서 '독립선언문'을 낭독했습니다. 선언문을 낭독한 33인은 모두 붙잡혔지만, 만세 운동이 도시로 퍼져 나가 전국에서 독립 만세 운동이 일어나게 되었지요.

시간이 지날수록 독립 만세 운동의 열기가 더해 가자 일제는 만세 운동을 탄압했습니다. 그래도 농촌으로까지 번져 가고 노동자와 농민 등 온 나라 모든 계층의 국민들이 독립 만세를 외쳤지요. 독립 만세 운동으로 이름을 떨친 사람은 유관순이에요. 그녀는 독립 만세를 외치다가 일본 헌병대에 붙잡혀, 서대문 형무소에서 고문*을 견디지 못하고 숨을 거두었어요.

고문
숨기고 있는 사실을 강제로 알아내고자 육체적으로 고통을 주며 신문하는 것.

대한민국 임시정부

8 대한민국 임시정부를 세웠어요

1919년 중국의 만주와 러시아의 연해주에서 독립운동을 하던 사람들이 독립을 쟁취하겠다는 굳은 결심을 세우고 체계적으로 준비를 하기 시작했어요. 이들은 독립운동의 중심이 될 정부가 필요하다고 생각했답니다. 그래서 해외에서 독립운동을 하던 사람들이 모여 중국 상하이에 대한민국 임시정부를 세웠지요.

미국에서 독립운동을 한 이승만과 김구, 안창호, 여운형 등이 대표적인 인물로 참여했어요. 이 가운데 이승만이 임시정부의 초대 대통령이 되었고, 안창호는 대통령을 도왔습니다.

그들은 비밀 연락망인 '연통제*'를 두어 국내와 긴밀하게 연락을 하는 한편, 활동 자금을 모으기도 했지요. 임시정부와 독

연통제
대한민국 임시정부가 국내와 비밀스럽게 연락한 방법.

립군의 활동을 국내외에 알리려고 독립신문을 발간하기도 했어요.

1920년에는 일본의 방해가 심해졌고 국내에서의 지원도 끊기는 바람에 임시정부가 시련을 겪게 되었는데, 김구 선생이 맡으면서 '한인 애국단'을 조직해 임시정부는 다시금 활기를 찾게 되었답니다.

광복군
일제 강점기에, 중국에서 우리나라 독립을 위해 일본에 맞서던 군대.

한인 애국단 소속의 이봉창은 일본 도쿄에서 국왕이 탄 마차에 수류탄을 던졌고, 윤봉길은 상하이 훙커우 공원 행사장에 폭탄을 던졌지요. 이로써 일본인은 큰 피해를 입었어요. 하지만 이것만으로는 일본에게 빼앗긴 나라를 되찾을 수 없었지요.

임시정부는 조국의 광복을 우리 손으로 직접 찾아야 한다고 생각하고 광복군*을 만들었답니다.

광복군은 태평양 전쟁에 참여해 일본 제국에 맞서 중국과 동남아시아에서 당당히 싸웠습니다. 그 뒤 광복군은 국내로 들어와 일본 제국에 맞서 싸우기로 했지요. 모든 준비를 끝내고 작전을 시작할 때, 아쉽게도 일본이 항복을 발표했어요. 일본의 항복으로 광복군의 꿈은 끝내 이루어지지 못했답니다.

▲광복군